Margarethe Letzel · Was macht der Eisbär in meinem Bett?

Margarethe Letzel

Was macht der Eisbär in meinem Bett?

Träume deuten und verstehen

nymphenburger

MIX
Papier aus verantwortungsvollen Quellen
FSC® C083411
www.fsc.org

Umschlaggestaltung: STUDIO Z, Stuttgart
Illustration S. 74/75: Daniela Sonntag, Stuttgart
Satz: VerlagsService Dietmar Schmitz GmbH, Heimstetten
Druck und Binden: CPI books GmbH, Leck
Printed in Germany
ISBN 978-3-485-02943-8

www.nymphenburger-verlag.de

INHALT

Zum Geleit

Der Fokus bei diesem inspirierenden Buch liegt darauf, sich selbst durch Träume besser zu verstehen. Denn bei allen klugen und informativen Ausführungen über Träume, deren Bedeutung und den Umgang damit, ist das Buch vor allem als persönliche Ansprache gedacht: Sich selbst, sein Leben und seine Lebensweise(n), seine im Alltag oft nicht gespürten, ja verschütteten Wünsche, Sehnsüchte, Befürchtungen, Anfragen an das Sein und mögliche Antworten dazu – all dies zu deuten und zu verstehen. Das nehme ich als die eigentliche Aufgabe wahr, zu der dieses Buch einlädt. Dazu ist die Hinwendung zur Welt der Träume ein ideales Mittel. Dabei ist es hier gut gelungen, ohne viele akademische Verweise auszukommen, aber auch nicht weltanschaulich ideologisch abzuheben. Vielmehr bleibt der Text ganz nah am Leben und Erleben der Menschen: Ausgehend von der Autorin, die sich transparent und offen zeigt, hin zu den Leserinnen und Lesern, die sich gut in den Traumbeispielen wiederfinden können. Auch wer durch konkrete Hinweise und Anleitungen etwas mehr an die Hand genommen werden will, um sich in der bunten Landschaft des Träumens orientieren zu können (und Fragen an sich selbst leichter zu strukturieren) kommt nicht zu kurz.

Ich bin überzeugt, dass dieses Buch nicht nur mir gut gefallen und etliche Anregungen gegeben hat, sondern viele Menschen mit unterschiedlichen Lebenswegen und »Geschichten« anzusprechen vermag. Ich wünsche ihm große Verbreitung!

Jürgen Kriz

Die Botschaft der Träume

Träume können uns ganz schön zu schaffen machen. Denn wer von uns legt schon freiwillig mehr Prüfungen ab als nötig? Oder will ständig nach einem Weg suchen, wenn man im Wachleben am liebsten zu Hause auf dem Sofa sitzt? Unsere Träume scheinen da allerdings oft anderer Meinung zu sein.

Ganz unerwartet stieß ich auf die Tatsache, wie häufig und intensiv sich diese flüchtigen Gedankengebilde mit Nachdruck im Alltag auswirken, während ich für die Leserschaft einer Schweizer Zeitung beratend tätig war.[1] Dass schwere Träume schwierige Lebensetappen begleiten können, dieser Sachverhalt ist vertraut und ihm begegnete ich selbstverständlich auch in meiner Praxis. Wie verbreitet es jedoch ist, dass im ganz normalen unspektakulären Alltag ein einzelner Traum zur starken Belastung wird – das entdeckte ich erst durch meine langjährige Arbeit als Kolumnistin.

Zu meinem großen Erstaunen konfrontierten mich Anfragende immer wieder genau damit: Ein aufwühlender Traum war zur Quelle von Unruhe und Sorge geworden. Für die betroffene Person waren oft keine Tagesereignisse erkennbar, die erklärt hätten, was die Ursache war. Es waren die Träume selbst, die nachts im Schlaf auftauchten und teils auch hartnäckig wiederkehrten, die das Problem darstellten.

Die in diesem Buch vorgestellten nächtlichen Erlebnisse erhielt ich entweder mit der Bitte zugesandt, Ideen zur Bedeutung der Träume beizusteuern. Oder sie waren mir unaufgefordert während einer Therapie erzählt worden. Im Laufe der Zeit konnte ich so eine beträchtliche Anzahl von Traumtexten sammeln, denen ein besonderes Merkmal gemeinsam war: Die Träume waren für die träumende Person so eindrücklich gewesen, dass sie sich die Mühe gemacht hatten, die Erinnerung daran aufzuschreiben, um der Sache auf den Grund zu gehen. Die Traumtexte wurden also nicht erinnert, weil die Personen – etwa im Rahmen eines therapeutischen Prozesses oder bei Versuchen in einem Traumlabor – den Auftrag hatten, sich an ihre Träume zu erinnern. Alle vorliegenden Traumberichte zeichnet es aus, dass die träumende Person von sich aus diesen Traum festhalten wollte, weil er für sie von ganz besonderer Bedeutung war.

Träume, die in Erinnerung bleiben, berühren – im Guten wie im Unangenehmen. Auch ein »traumhaft« schöner Traum wühlt auf, wenn er ungeahnte Gefühle erleben lässt oder intensive Sehnsucht, die schmerzt, hervorruft. Und wenn sich ungewöhnliche Dinge abspielen, wie einem Verstorbenen zu begegnen, den man so sehr vermisst, so wirft einen auch das aus der Balance. Ein eindringlicher Traum mutet zuweilen wie eine Nachricht an, verschlüsselt abgefasst – aber wo ist der Code dafür?

Dass Träume etwas mit unserem Alltag zu tun haben, das vermuten wir oft intuitiv. Manchmal wird es sogar zur angstvollen Überzeugung, wenn nächtliche Schreckensbilder plötzlich glauben lassen, etwas ganz Furchtbares stehe bevor. Zwar sind Traumbilder oft wuchtig, aber zuallererst sind es einfach Bilder, die manchmal derb wie ein Holzschnitt erscheinen. Wie Sie hilfreiche Verbindungsbrücken zum eigenen aktuellen Befinden herstellen, davon handelt das vorliegende Buch. Es beschreibt, wie Ihre ganz persönliche Bildersprache entsteht und wie Sie Ihr Bilderalphabet der Träume für ein individuelles Wörterbuch verwenden können, um die Sprache Ihrer Träume zu verstehen.

Dem Traum auf der Spur

Wenn wir aus einem Traum erwachen und eine spannende Geschichte erinnern, haben wir damit Schnappschüsse von einigen unserer nächtlichen gedanklichen Aktivitäten. Unsere Träume zeigen, was uns nachts besonders beschäftigt hat.

Träume während des Schlafs oder in anderen tiefen Entspannungszuständen sind meist Bildergeschichten – sie liegen aber nicht vor uns, sondern wir stecken mittendrin. Alle diese nächtlichen Eindrücke entstehen aus unserem Bilder- und Erfahrungsfundus. Sie sind normalerweise ein Teil der vor allem im Schlaf ablaufenden Regeneration. Vieles deutet darauf hin, dass alle unsere Sinneswahrnehmungen gerade auch nachts weiterverarbeitet werden.

Träumen – das Verarbeiten mit Bildern und Sprache

Wir können davon ausgehen, dass, wie im Wachzustand auch, nicht alles, was uns über die verschiedenen Sinneskanäle erreicht, auf einmal zu ordnen und zu verarbeiten ist. Manches gerät auch nachts vorerst noch in den Hintergrund – auch beim Träumen ist die geistige Kapazität begrenzt und wir können nicht alles auf einmal bewältigen. Traumbilder greifen Themen daher auch zeitlich versetzt auf. Für unseren Organismus ist vieles vordringlich, damit er reibungslos funktionieren kann. Was Vorrang hat, ist für uns nicht immer ersichtlich. Zuweilen aber haben sicher Daten derjenigen Sinneseindrücke Vortritt, die für die körperlichen Abläufe maßgeblich sind. Anderes muss daher zunächst noch im Hintergrund bleiben.

Was in den Vordergrund tritt und damit zu einem bestimmten Zeitpunkt oder in einer bestimmten Phase der Verarbeitung in den Scheinwerfer unserer Aufmerksamkeit gerät, wenn wir einen Traum erinnern, hängt zwar nicht immer mit unmittelbaren Eindrücken des vergangenen Tages zusammen. Es hat aber immer zentral mit dem zu tun, was uns aktuell besonders beschäftigt, wenn es so markant im Gedächtnis bleibt.

Das Bilderalphabet der Träume

In den Träumen, die wir erinnern, spielen Bilder eine zentrale Rolle. Das, was in unseren Träumen abgebildet ist, ist individuell das, was an Sinneseindrücken, persönlichen Erfahrungen und evolutionärem Erbe unverwechselbar das eigene Leben ausmacht.

Nur mit Hilfe unserer Gefühle, unserer Eindrücke, unserer Alltagserlebnisse, unseres Erfahrungsschatzes und unserer Sprechgewohnheiten lassen sich die im Traum auftauchenden Bilder verstehen. Diese Gesamtheit unserer Erfahrungen ist das Feld, von dem aus der Ablauf eines Traums zu betrachten und zu erschließen ist. Daher ist ein Traumbild nicht eins zu eins eine Abbildung der Alltagserfahrung. Was das Traumbild transportiert, ist eine zusammengefasste Lebenserfahrung. Das klingt zunächst etwas kompliziert. Es ist aber ganz einfach, wenn wir uns vergegenwärtigen, wie wir das Denken gelernt haben und wie unser Wissen über die Welt zustande kommt.

Denken wir nur etwa an die Erfahrungen während der Geburt: Zuvor war es dunkel, dann plötzlich hell. Vorher war es warm, plötzlich ist es kalt, vorher waren die Geräusche gedämpft, jetzt sind sie laut, vorher war es eng, jetzt ist da plötzlich viel Platz. Unzählige neue Daten erreichen unser Gehirn. Mit jedem neuen Erlebnis kommen weitere Eindrücke hinzu, die unser Gehirn verarbeitet. Während dieser Verarbeitung verändert sich das Gehirn und differenziert sich weiter aus. Jede unserer Lernerfahrungen hat einen solchen Rückkopplungseffekt auf die Prozesse in unserem Gehirn und verändert dessen Strukturen.[2] Körperempfindungen, Sinneswahrnehmungen, Sitzen und Gehen üben, Sprechen und Denken lernen – ständig erleben wir Neues, das unseren Blick auf die Welt erweitert und verändert.

Eine dieser vielen Lernerfahrungen, was körperliche Fertigkeit betrifft, ist zum Beispiel das Fahrradfahren. Durch Beobachten unserer Umgebung wissen wir: Auf einem Gefährt mit zwei Rädern und Pedalen kann man sich effizient vorwärtsbewegen. Aber wie muss ich vorgehen,

damit ich nicht mitsamt dem Fahrrad umfalle, sondern unbeschwert vorankomme? Aus dem Alltag sind die einzelnen Abläufe vertraut, die ich dafür brauche: Gleichgewicht zu halten kennt man schon vom Sitzen, Pedalen vom Strampeln, Umherschauen ist auch geläufig. Das Zusammenspiel ist nun das Zauberwort. Welchen Rhythmus braucht es von welcher Aktivität? Wie werden die Bewegungen ein organisches Ganzes, damit man nicht in den nächsten Passanten oder Laternenpfahl kracht?
Fahrradfahren zu erlernen ist also ein komplexer Vorgang, der Kombination und Koordination benötigt. In unserem Gehirn waren zuvor bereits zahllose Erinnerungsbilder von Lernerfahrungen gespeichert, auf die wir für weitere Lernprozesse zugreifen können. Und auch diese neuen Erfahrungen bleiben wiederum in Bildspuren gespeichert. Unsere Träume bilden permanent Ausschnitte solcher Lernvorgänge ab. Die Informationen, die tagsüber bei uns eintreffen, verarbeiten wir sowohl bei Tag als auch bei Nacht. Die nächtlichen Einordnungsprozesse, die wir erinnern, nennen wir Träume und sehen diese vor allem als Bildergeschichten. Und das Angenehme daran: Die allermeisten dieser Einordnungsprozesse laufen ohne unser aktives Zutun.
Die Abläufe sind vielschichtig, denn wir lernen permanent in den verschiedensten Bereichen. Sie laufen etwa auf der Ebene der Bewegung (Motorik) ebenso wie auf der Ebene der Sinneseindrücke (Sensorik) sowie der Gedanken (Kognitionen). So ist für uns zum Beispiel von außen nur in Ansätzen erkennbar, wie sehr etwa ein Kind bereits innerlich damit befasst ist, endlich Fahrrad fahren zu können. Sehnsüchtig hat es Nachbarskinder beobachtet und kann es kaum erwarten, endlich selbst loszura-

deln. Auch diese inneren Auseinandersetzungen, die Motivation, die gedankliche Vorbereitung: »Was wird erst sein, wenn ich endlich ...«, all das spielt in diese Lernprozesse hinein.

Solche Lernerfahrungen hinterlassen Spuren in uns, sei es, dass das körperliche Erlebnis, wie es sich anfühlt, in der Körperbalance zu sein, in uns abgebildet ist oder das Lustgefühl, wenn es endlich klappt, das mühelose Dahingleiten auf dem Drahtesel. Und es ist die Fülle der Erfahrungen, die sich immer wieder neu zusammensetzt und arrangiert, wenn ungewohnte Impulse hinzukommen.

Unsere Erinnerungen setzen sich aus einer Vielzahl solcher Erlebnisdetails zusammen, die in uns gespeichert sind, so auch bei anderen Sinneserfahrungen, wo lustvolles Genießen im Vordergrund steht, wie etwa beim Eisessen. Wie war es das erste Mal, als Sie genüsslich eine gefrorene Köstlichkeit schleckten? Erinnern Sie sich, wie das schmeckte oder kennen Sie es nur aus Erzählungen Ihrer Eltern oder von einem Foto, das Sie als kleines Kind mit einer Eistüte zeigt?

In Ihnen befinden sich heute dazu die Erlebnisspuren des sinnlichen Genusses, auch die Erinnerungen an die Lernerfahrung des Eisschleckens sowie die Erinnerungsspuren an konkrete Situationen und Ihre Gefühle dabei, als Sie ein Eis gegessen haben. Gedanklich sind Sie damit auf ganz verschiedenen Ebenen unterwegs.

Vergegenwärtigen Sie sich das Gefühl auf der Zunge, wenn das Eis schmilzt. Zerläuft das Gefrorene stattdessen auf Ihrer Backe, die beim Genießen dazwischengeraten ist, fühlt es sich etwas anders an. Werden Sie darüber lachen oder ärgern Sie sich? Erinnern Sie sich an das Eis, das tropft, wenn die Sonne scheint und Sie mit dem Schlecken kaum nachkommen? Eis essen – ein ganzes Impressionstheater an Bildern versteckt sich in den Kulissen unserer Erinnerung. Und wie bei einem Improvisations-Theater setzen sich zu jedem Thema in uns jeweils neue Bilder zusammen. Manche ähneln sich, scheinen konstant, manche lassen durch verblüffende Kombinationen eine ganz neue Geschichte in uns ablaufen. Die Bilder werden zu einem Film. Manche der Erinnerungsszenen verdichten für uns diese Erfahrungen, wie vielleicht das Bild der Eistüte, das damals in der Schule ausreichte, um die Mitschüler in Ihren Plan – »lasst uns nach der Schule ein Eis essen gehen!« – einzuweihen: Sie schoben ihnen einen Zettel zu, auf den Sie eine Waffeltüte mit Eis gezeichnet hatten.

Ihre persönlichen Bilder und Gefühle zum Eisessen wurden soeben wachgerufen, weil Sie Sätze zu diesem Thema gelesen haben. Das heißt, Sprache hat es ermöglicht, dass Sie Bilder vor sich sahen und Erinnerungen aus Ihrem persönlichen Repertoire aufgerufen haben. Die Sprache ist eine weitere Ebene, auf der unsere Erinnerungen abgebildet sind. Mit Sprache können wir Erlebnisse ausmalen, verdichten, zusammenfassen. Ein Bild wird zu Sprache, aus Sprache wird ein Bild. Auch in unseren Träumen verschieben sich diese Ebenen ineinander, um unsere Erfahrungen und Gedanken dazu abzubilden.

Die Merkmale der Träume

Wenn wir hellwach und wieder fest in der Logik unseres Alltags verankert sind, machen es uns Träume manchmal nicht gerade leicht, sie zu erzählen. Immer wieder entziehen sie sich einer geregelten Schilderung, in der normaler-

weise die einzelnen Dinge logisch aufeinanderfolgen. Gerade auch, wenn wir unmittelbar nach dem Erwachen, noch schlaftrunken, ungefiltert Details notieren, so wie sie uns gerade in den Sinn kommen, wird besonders augenfällig, wie sich unsere Traumerlebnisse abspielen. Je länger wir nach dem Aufwachen damit warten, den Traum festzuhalten, desto mehr glättet unser Alltagsbewusstsein mit seiner Logik die merkwürdigen Sprünge, die in Traumabläufen manchmal vorkommen und die unmittelbar nach dem Aufwachen noch eher fassbar sind.
So farbig, spannend und wunderbar sich Träume in der Nacht präsentieren mögen – nach dem Aufwachen geschildert, gleichen sie manchmal einem Glühwürmchen im Schein einer Taschenlampe: Sie verlieren den Zauber, mit dem sie in der Nacht funkeln. Wir wollen dennoch den Scheinwerfer auf einige der skurrilen Details richten, die Träume aufweisen können.

Gleichzeitigkeit von Raum und Zeit

Die folgende Traumschilderung einer 16-jährigen Schülerin illustriert, wie im Traum die Ebenen von Raum und Zeit ineinanderfließen. Sie hatte das Erlebnis unmittelbar nach dem Erwachen notiert. Der Ablauf der Handlung ist sprunghaft, es gibt keine logische Entwicklung, in der eine Tätigkeit aus der anderen folgt. Alles passiert gleichzeitig.

TRAUM

Mike und ein paar andere Jungen aus seiner Klasse und auch solche aus meiner Klasse wollten irgendwohin. Es gab einen Strand mit großen flachen Steinen, auf denen man stehen konnte. Es war Sonnenuntergang, und ich tanzte auf einem dieser Steine – also rannten die Jungs zum Bus. Meine Freundin Lena und ich folgten. – Es ist schwierig zu erklären: Wir wollten im Traum an den Strand, machten uns auf den Weg dorthin und gleichzeitig waren wir schon dort, und ich tanzte bereits auf diesem Stein und erlebte die Stimmung dort mit dem tollen Sonnenuntergang.

Die Träumerin kommt mit dem Erzählen kaum nach. Alles ist gleichzeitig: Da ist der Plan, dass ein paar 16-jährige Mädchen und Jungs in unternehmungslustiger Stimmung an den Strand wollen. Die Atmosphäre ist romantisch und es ist anzunehmen, dass es zwischen ihnen zeitweise auch erotisch knistert.

Die Traumfassung dieser vielen umherschwirrenden Gefühle lautet: »Ich tanzte auf einem dieser Steine – also rannten die Jungs zum Bus. Meine Freundin Lena und ich folgten.« Wie im richtigen Leben ist in einer solchen Situation wohl schwer auseinanderzuhalten, was Ursache und Wirkung ist, wer zuerst handelt und wer darauf reagiert. Wer will wohin und zu wem? Der Traum fasst diesen spannungsgeladenen emotionalen Zustand, der auf verschiedenen Ebenen stattfindet, so zusammen, dass alles gleichzeitig passiert. Wie in einer komplizierten Faltfigur aus Papier sind die einzelnen Teile der Handlung ineinander verschoben.

Komposition von Personen

Wie schillernd unsere Träume zuweilen auch vertraute Personen aus dem persönlichen Umfeld darstellen, beschreibt folgendes Traumfragment einer 25-jährigen Lehrerin:

TRAUM

Ich diskutierte im Traum mit meinem Vater und er war zugleich Mozart. Ich wusste, dass ich meinen Vater vor mir hatte, er sah genauso aus. Im Traum war für mich aber völlig real, dass er gleichzeitig Mozart war.

Es sind unter anderem gerade diese verblüffenden Details, die interessante Hinweise dazu liefern, wie wir Menschen und Situationen erfassen und charakterisieren. Wie zutreffend diese Beschreibung des Vaters tatsächlich ist, spielt dabei keine Rolle. Denn der Traum zeigt die Charakterisierung des Vaters durch die Träumerin.

So wie sie ihn erlebt, setzt sich seine Persönlichkeit zusammen aus Eigenschaften, die sie an ihrem Vater wahrnahm, kombiniert mit Charakteristika, die die Träumerin mit der historischen Figur Mozart verbindet. Es geht dabei auch nicht um eine möglichst objektive Darstellung des Komponisten, sondern die entscheidenden Aspekte sind die, welche sie diesem Musiker zuordnet. Denn sie erhellen und ergänzen, welches emotionale Bild sie sich von ihrem Vater gemacht hat.

Ein Traumbild wie diese besondere Personenkomposition zu beschreiben, gelingt oft nur unmittelbar nach dem Aufwachen. Nur dann sind so außergewöhnliche Bildkreationen noch in Erinnerung. Danach kommt das rationale Denken wieder ins Spiel und damit auch die übliche Logik des Wachlebens zum Zug. Das erschwert es außerordentlich, solche ausdrucksstarken Details zu erinnern.

Verschmelzen von Vergangenheit und Gegenwart

Auch Vergangenes und Gegenwärtiges können in unserer Traumwelt eine unzertrennliche Verbindung eingehen, was Bilder von Personen und Orten entstehen lässt, die sich nur sehr schwer erklären lassen. Eine 67-jährige Witwe fasst eine solche Erfahrung folgendermaßen zusammen:

TRAUM

Ort des Traums war das Haus meiner Kindheit, ein Gebäude übrigens, das heute noch steht, es war aber in der Realität vor einigen Jahren von den neuen Besitzern stark umgebaut und sehr geschmackvoll modernisiert worden. Alles sah aus wie früher, die Möbel, die Tapeten an den Wänden. Gleichzeitig aber sah es so aus wie heute. Am besten beschreibt man es vielleicht, wie wenn mit einer Überblendung in einem Film beide Zustände gleichzeitig sichtbar sind. Es ist aber eigentlich unmöglich zu beschreiben, wie das ging, dass beides gleichzeitig vorhanden war und beide Zustände gleichzeitig herrschten und mir das völlig normal vorkam.

Nüchtern betrachtet ist genau dies in den Gedanken der Träumerin auch bei Tag, das heißt im Alltag, der Normalzustand: Sie hat beide Zustände dieses Ortes selbst erlebt und diese Erfahrungen sind als Erinnerungen in ihrem Gehirn gespeichert. Sie hat auf beide visuellen Eindrücke, auf den Zustand von damals und den von heute, den gedanklichen Zugriff. Nun formt ihr Traum aus diesen beiden Datensätzen ein einziges Gesamtkunstwerk. Um ihre eigenen Traumüberlegungen detaillierter nachzuvollziehen und zu verstehen, ist es wichtig, dass sie sich erinnert, was sie emotional mit dem früheren Zustand des

Hauses verbindet und welche Rolle das heutige Gebäude für sie gefühlsmäßig spielt. Eine spannende Parallele könnte auch sein: Wo stand sie damals als Kind emotional und wo befindet sie sich heute? Diese beiden emotionalen Einschätzungen von damals und heute zu kombinieren, ist ein wesentlicher Schritt, mit dem sie ihren Traum ins Wachbewusstsein übersetzt. Im Kapitel zu den Orientierungspunkten (Seite 76ff.) wird dies deutlicher.

Die Sprache des Traums

Unsere Alltagserfahrungen sind ein Strom von Ereignissen, der durch uns hindurchfließt. Die Menschheit hat im Laufe der Jahrtausende praktische Verfahren entwickelt, um diese Erfahrungen zu verdichten, zusammenzufassen und weiterzugeben. Die Sprache ist eine jener Errungenschaften. Ein Wort wird zu einer Zusammenfassung eines ganzen Ereignisses. Wenn wir ausrufen: »Wunderbar!«, so ist dieses Wort bereits eine kompakte Zusammenfassung von Erfahrungen, die wir mit dem plötzlichen Auftreten von angenehmen Gefühlen verbinden. Die Wortverbindung »das schmeckt gut!« greift auf angenehme Sinneserfahrungen zurück und fasst ein Erlebnis zusammen. Da wir gelernt haben, was Bezeichnungen wie »Erdbeeren« oder »Wollpullover« bedeuten, sind Wörter für uns zu verallgemeinernden Zeichen geworden, mit denen wir Menschen, die die gleiche Sprache sprechen, rasch auch komplizierte Zusammenhänge mitteilen können. Sprache und Zahlen sind Zeichensystemen, die uns die Orientierung in der Welt erleichtern und die Kommunikation mit anderen vereinfachen. Unsere tagtäglichen Erfahrungen sind also nicht nur zusammengesetzt aus Sinneseindrücken und Gefühlen, die in uns auch zu Bildern werden, sondern wir verfügen mit der verbalen Sprache über die Fähigkeit, für Sachverhalte Worte zu finden und logische Zusammenhänge darzustellen. Die Bildersprache, in der wir viele unserer Erinnerungen speichern, kombiniert sich mit der Fähigkeit, mithilfe von Worten und Zahlen auch auf einer abstrakteren Ebene Erlebtes zusammenzufassen.

Die Bilder

Wir wollen anhand eines bekannten Anblicks, einem Regenbogen, nochmals Revue passieren lassen, wie sich unser Archiv, welches dann unsere Träume ausstattet, mit Bildern füllt. Hier kommt Ihnen eventuell das Stichwort Traumsymbole in den Sinn und der Gedanke an einen allgemeingültigen Katalog der Symbole, den man zurate ziehen kann, um Träume zu verstehen. Warum das so nicht funktioniert, zeigt dieses Beispiel:

Sie laufen nach einem Gewitter durch die Stadt. Ein Regenbogen leuchtet in strahlenden Farben vor dem wolkenverhangenen Himmel. Ein vierjähriges Kind bestaunt, vielleicht zum ersten Mal, dieses Phänomen und fragt seine Eltern dazu Löcher in den Bauch. Der 70-jährige Jogger, der vorbeikommt, wundert sich, wie sehr er immer noch über einen Regenbogen staunen kann. Ein solches Wetterschauspiel, wie er als Meteorologe nur zu gut weiß, taucht auf, nachdem es geregnet, vielleicht sogar gestürmt hat; und so licht und schön, wie dieser leuchtende Farbschweif sich über den Himmel spannt, stellt er zumeist eine angenehmere Wetteretappe in Aussicht.

Ein Regenbogen entsteht, so unsere Alltagserfahrung, wenn Sonnenlicht und Regen aufeinandertreffen. Das wiederum wird möglich, wenn sich Regenwolken aufgelockert haben und die Sonnenstrahlen die Wolkendecke wieder durchdringen. Ein Regenbogen am Himmel ist damit die farbige Zusammenfassung eines komplexen Wettergeschehens. Für den staunenden Beobachter kann dieses Schauspiel die unangenehme Erfahrung beinhalten, zuvor durch einen stürmischen Regenguss auf dem Fahrrad klatschnass geworden zu sein. Kinder, die der Gewittersturm verängstigt hat, werden erleichtert registrieren, dass sich der krachende Donner verzogen hat, und fühlen sich jetzt vielleicht durch den Anblick des prächtigen Regenbogens belohnt.

Verzaubert einen Regenbogen zu betrachten, beinhaltet also, durch ein Wechselbad an emotionalen Erfahrungen gegangen zu sein. Welchen Aspekt dieser möglichen Vielzahl an Eindrücken Ihr Traum aufgreift, wenn Sie, vielleicht erst viele Nächte später, von einem Regenbogen träumen, das wissen Außenstehende nicht. Welche Erlebnisfacette für Sie bedeutsam ist und warum Ihr Gehirn nun das Bild vom Regenbogen einspielt, das können nur Sie erschließen.

Kommt uns ein Regenbogen in den Sinn, greifen wir damit eine ganze Sammlung von Geschichten aus dem Regal unserer Erinnerungen. Diese umfassen die unmittelbar selbst erlebten Ereignisse, aber darüber hinaus auch Informationen durch Erlebnisse aus zweiter Hand: Szenen aus Filmen, Schilderungen aus Romanen, in denen wir mitleben, Fotos aus dem Internet oder in Zeitschriften, Gemälde oder ganz schlicht das Logo einer Organisation – all diese Elemente machen Erfahrung aus und bilden in jedem von uns, wie schon erwähnt, einen riesigen Fundus. Ein einziges Bild daraus bringt jeweils eine Vielzahl von Erfahrungen auf einen prägnanten Nenner.

Ein Bild verdichtet eine facettenreiche Geschichte. So wie weißes Licht alle Farben enthält, so beinhaltet ein Bild für die betrachtende Person Erlebnisse und Geschichten, die, würde man sie in allen Details erzählen, viel Zeit beanspruchen würden. Das Bild umfasst in sich einen ganzen Bilderbogen und bringt im Traum einen gerade wesentlichen Aspekt in den Vordergrund – indem Sie benennen, welche Facette Ihrer Erinnerungen dazu für Sie jetzt gerade besonders wichtig ist. Kein anderer, nur Sie allein wissen diese Aspekte.
Unsere Träume reihen viele solcher verdichtenden Bilder aneinander.

Die Wörter
Neben der Bildersprache verfügen wir über eine abstrahierte Form von Sprache, die aus Wörtern besteht, die uns ermöglichen, die Wirklichkeit, die wir erfahren, mit Begriffen abzubilden. Wir müssen also keine Zeichnung anfertigen oder wie die Bienen einen Schwänzeltanz aufführen, wenn wir einen Weg beschreiben wollen: »Geradeaus, zweite Straße rechts, das Restaurant befindet sich im dritten Haus links.« Auch in Begriffen wie »geradeaus«, »rechts« oder »links« verbergen sich viele Erfahrungen, die wir gemacht haben, bis wir die Bedeutung dieser Wörter sicher in unserem sprachlichen Repertoire eingebaut hatten. Dass sich ein Restaurant normalerweise in einem Haus befindet, aber nicht jedes Haus ein Restaurant ist, auch solche Unterschiede gehen auf sprachliche Lernprozesse zurück.
Wie vielschichtig diese Lernprozesse sind, zeigt sich beim Spracherwerb des Kindes. Ein Kleinkind hört, wie die Eltern den Hund lautmalerisch mit »Wauwau« bezeich-

nen. Es lernt, diesen Begriff auf seinen Stoffhund zu übertragen und macht bald darauf die Erfahrung, dass die Zeichnung im Bilderbuch, obwohl sie ganz anders aussieht als der Familienhund, ebenfalls unter den Begriff Wauwau fällt. Irgendwann erkennt es, dass die Lautkombination »Hund« statt Wauwau ebenfalls eine zutreffende Bezeichnung für das Haustier der Familie ist.

Auch für das innere Erleben, die emotionalen Prozesse, gilt der gleiche sprachliche Lernvorgang. Ganz allmählich gelingt es, zunächst diffuse Zustände des Behagens oder Unbehagens zu beschreiben und damit für andere mitteilbar zu machen. Über diese Fähigkeit zur abstrahierenden verbalen Zusammenfassung, zur Darstellung mit Worten, verfügen wir selbstverständlich auch während des Träumens. Es sind also nicht nur Bilder, die eine Geschichte erzählen, sondern auch Sequenzen aus Worten tragen zu diesem nächtlichen Erlebnis bei, das wir beim Erwachen als Traum bezeichnen und zusammenfassen. Es gilt, diese verschiedenen Ebenen der Traumsprache im Blick zu behalten, wenn man erkunden will, was dieser erzählt.

Der aktuelle Alltag

Da wir in unseren Träumen Eindrücke aus dem Wachleben ordnen, ist immer auch die Frage wesentlich, was uns aktuell besonders beschäftigt. Manchmal liegt das auf der Hand, wenn ein berufliches oder privates Problem auch tagsüber einen Großteil unserer Gedanken beansprucht. Dennoch ist der Zusammenhang mit den Traumbildern deswegen nicht unbedingt ebenso offensichtlich. Das macht das unmittelbare Verstehen eines Traums etwas knifflig und kann mühsam sein. Denn während des Schlafs organisieren sich Wahrnehmungsprozesse, die Eindrücke hin und her schieben, vergleichen, verwerfen, erneut vergleichen, bis sich ein Muster ergibt, das Sinn erkennen lässt. Zu welchem Zeitpunkt dieser Abläufe dann ein Traumbild für uns erinnerbar wird, können wir nicht feststellen. Anders gesagt, damit ist das Netz der Zusammenhänge noch nicht mitgeliefert. Auch noch nicht ersichtlich ist für uns, an welcher Stelle der Vergleiche und des inneren Suchprozesses wir uns gerade befinden. Diesen Abschnitt des bewussten Einordnens übernehmen wir, wenn wir uns näher mit dem, was uns zu einem Traum einfällt, beschäftigen.

Mit jedem Lernprozess, mit jedem Tag, an dem wir unablässig neue Eindrücke verarbeiten, erweitert sich unser Erfahrungsschatz. Wir haben in uns Bilder und nicht sprachliche Sinneseindrücke von körperlichen Lernprozessen wie gehen, schlucken, konzentriert etwas betrachten. Wir haben Bilder gespeichert von abstrakten Lernprozessen wie Buchstaben lernen, das Einmaleins abfragen oder ein Argument logisch aufzubauen. Auch lebenspraktische Abläufe prägen wir uns ein, wenn wir üben, wie man ein Gericht kocht oder eine Bewerbung schreibt. Alle diese Aktivitäten gehen jeweils mit dem Erleben von Gefühlen einher, sei es, dass es uns freut und stolz macht, wenn wir eine neue Fertigkeit erlangt haben oder im unangenehmen Fall, wenn wir zum Beispiel schmerzhaft erfahren, was es für unsere Finger bedeutet, wenn sie mit einer heißen Herdplatte in Kontakt kommen. Sogar wenn man glaubt, etwa aufgrund vieler harter Erfahrungen, keiner Gefühle mehr fähig zu sein, ist dies ein Eindruck zum Thema Fühlen, der innerlich vorhanden und als Zusammenhang, etwa als Gefühlsleere, spürbar ist. Auch Gefühlsbewertungen speichern wir ab und greifen bei Bedarf auf sie zurück, um neue Situationen schneller einordnen und damit rascher reagieren zu können. Wir verfügen über eine immense Sammlung von Bewertungen einzelner Lebensereignisse, die wir uns im Alltag ständig zunutze machen. Auch diese Bewertungen und gefühlsmäßigen Einschätzungen sind Facetten unseres Erfahrungsschatzes, der dann ebenfalls in der Bildersprache unserer Träume auftaucht.

Träume – wozu dienen sie?

Schlafen und damit auch das Träumen sind notwendig für die Regeneration des Organismus. Wie das genau vor sich geht, ist bisher noch nicht in allen Details geklärt. Was sich aber sagen lässt: Offenbar braucht unser Organismus die Träume, um gut zu funktionieren, sonst hätte sich die Fähigkeit zu träumen im Lauf der Evolution nicht entwickelt.

Impulse für unsere Gesundheit

Forschungsergebnisse deuten darauf hin, dass im Schlaf Lernerfahrungen gefestigt und vertieft werden, die man tagsüber gesammelt hat.[3] Daher liegt die Hypothese nahe, dass auch unsere Träume dazu dienen, das im Wachzustand Erlebte einzuordnen, zu bewerten und im Sinne von gedanklichen Übungen weiterzuentwickeln. Wir ordnen Eindrücke und entdecken die nächsten Ansatzpunkte. Schwierig wird es natürlich dann, wenn sich die Träume querlegen und den Schlaf beeinträchtigen, wie der folgende Traumbericht zeigt:

TRAUM

Nacht für Nacht träume ich die unglaublichsten Dinge, wie zum Beispiel, dass ich in einer Art Helikopter über einen Wasserpark fliege – das war wirklich toll! Meistens aber sind es eher abenteuerliche Träume, nach denen ich wirklich geschafft bin. Ich träume aber praktisch nie von meinem Beruf. Durch diese konstante Träumerei schlafe ich sehr unruhig und am Morgen, wenn der Wecker schrillt, bin ich völlig erschöpft und würde am liebsten weiterschlafen. Wünsche ich mir unbewusst ein erfüllteres, abenteuerlicheres Leben? Eigentlich bin ich soweit mit meinem Leben zufrieden, denn wer von uns ist denn wirklich vom eigenen Leben so berauscht – die wenigsten wohl!

Die Hauptbotschaft dieser Träume ist, ganz alltagspraktisch betrachtet: Achtung, Ihr Schlaf ist nicht mehr erholsam! Irgendetwas hindert daran, ruhig zu schlafen. Gründe aus dem Alltag sind der träumenden Person keine bekannt. Das führt zuerst zur Frage, wie es ihr körperlich geht. Denn unruhige oder schlechte Träume können allein aufgrund körperlicher Ursachen auftreten, etwa auch durch Nebenwirkungen von Medikamenten. Alles, was die notwendigen körperlichen Abläufe beeinflusst, bildet sich auch in unseren Gehirnvorgängen ab, was sich dann wiederum in der Bildsprache der Träume ausdrückt.
Den Ursachen von schlechtem Schlaf auf die Spur zu kommen lohnt sich als eine langfristige Investition in die Gesundheit.[4]
Die Evolutionspsychologie vertritt zu anstrengenden Träumen, wie etwa Verfolgungsjagden, eine eigene These. Dieser Zweig der Psychologie untersucht unser stam-

mesgeschichtliches Erbe, auch im Bereich der geistigen Fertigkeiten, wie dem Denken und dem Fühlen. Bei abenteuerlichen Jagd- und Verfolgungsträumen hält die Evolutionspsychologie individuelle psychologische Gründe für wenig wahrscheinlich. Sie vertritt vielmehr die Auffassung, dass es mit unserem stammesgeschichtlichen Erbe als Jäger und Sammlerinnen zusammenhängt.[5]

Wie auch immer: Die eigene Gesundheit im Blick zu behalten, das heißt, jeweils auch konkret zu überprüfen, ob körperlich alles in Ordnung ist – auch das ist einer der praktischen Nutzen, die wir aus den Träumen, die wir erinnern, ziehen können.

Auch beim folgenden Traum-Klassiker zum Thema Zähne steht zunächst die Gesundheit im Vordergrund:

TRAUM

Im Traum beschäftigen mich ab und zu meine Zähne. Schon oft träumte ich, dass mir ein Zahn abgesplittert ist und dass dieser in Kürze ausfallen werde. Das Thema kommt immer wieder.

Zentrales Element des Traums ist das Bild vom Zahn, das auch mithilfe konkreter Parallelen aus dem Alltag Hinweise liefern kann: Ein Zahn splittert unter anderem, wenn man unerwartet auf etwas zu Hartes gebissen hat. Ein Zahn-Check beim Zahnarzt wäre bei einem einmalig auftretenden Traum eine mögliche Form zu überprüfen, ob es während des Tages real zu einem solchen Schaden gekommen war. Andere Gründe, weshalb Zähne splittern, sind etwa körperliche Schädigungen durch nächtliches Zähneknirschen oder eine Essstörung.

Ganz praktisch kann der Traum also einerseits dazu anregen, den Zustand der Zähne in den Blick zu nehmen. Andererseits kann man ihn, gerade wenn er sich hartnäckig wiederholt, auch im übertragenen Sinn betrachten: Wo sah sich die träumende Person im Alltag gezwungen, »hart durchzubeißen«, bis es krachte? Der Traum zeigt – mit dem Bild vom splitternden oder sogar ausfallenden Zahn –, dass sie einen Schaden erlitten hat, der ihre Fähigkeit zuzubeißen verringert. Sie ist in Gefahr, »ihren Biss« zu verlieren.

Im Alltag ist es für uns offensichtlich, dass es etwa für das Knacken von Nüssen geeignetere Instrumente gibt als das eigene Gebiss. Bei Problemen jedoch, die sich als »Knacknuss« präsentieren, ist es oft nicht so einfach herauszufinden, was die angemessene Strategie wäre. Wir sind dann auf Versuch, eventuellen Irrtum und erneuten Versuch angewiesen. Wenn, bildhaft gesprochen, dabei die Zähne ins Splittern geraten, dann gefährdet die bisherige Vorgehensweise die eigene Gesundheit. Es lohnt sich daher für die träumende Person in jedem Fall zu überlegen, was sie für ihr Wohlbefinden – körperlich oder seelisch – tun kann, welche hilfreichen Problemlösungsstrategien sie entwickeln kann, um damit wieder ins Lot zu kommen und »ihren Biss« zu bewahren.

Wenn ein Traum uns so verblüfft und irritiert, dann beinhaltet er neue Perspektiven. Er veranlasst uns, die eigene Selbstwahrnehmung, eigene Vorstellungen und Überzeugungen zu überprüfen und die Sicht auf uns selbst und die Welt zu erweitern.

Klärung von Emotionen

Träume können wir immer auch zum Anlass nehmen, uns zu fragen: Wie geht es mir eigentlich emotional? Wer wissen möchte, ob er sich im Schlaf einen abenteuerlichen Ausgleich zu schaffen versucht, überlegt, ob ihm emotional etwas fehlt. Einer solchen herausfordernden Hypothese lässt sich anhand folgender Fragen nachgehen:

- Wo hätte ich es gern anregender, abwechslungsreicher, spannender?
- Gibt es Dinge, die mich reizen und die ich gern noch verwirklichen möchte?
- War es früher interessanter und wenn ja, womit hing das zusammen?

Eine unzensierte Sammlung von Gedanken kann anregende Ideen liefern. Sicher wären solche Wunschträume und Einfälle den einen oder anderen Versuch wert, etwas davon auch mal auszuprobieren, um zu schauen, wie sich mit den veränderten Eindrücken während des Tages in der Folge auch die nächtlichen Traumbilder verändern.
Schauen wir uns den Abenteuer-Traumbericht (Seite 28) noch mal genauer an. Vorausgesetzt, es gibt keine primär körperlich verursachte Erschöpfung, wie etwa durch Sauerstoffmangel, könnte folgender Aspekt weiterführen: Der Traum vermittelt einen intensiven Gefühlseindruck. Die träumende Person gerät immer wieder in Bedrängnis und unter Druck. Das Resultat: Sie ist total erschöpft.
Wenn es also keine körperlichen Gründe für die mangelnde Erholung im Schlaf gibt, lohnt es sich, genau dieses Gefühl des »Unter-Druck-Seins« als Leitfaden zu nehmen und ihm

noch etwas Aufmerksamkeit zu widmen. Was erlebt die träumende Person diesbezüglich im Alltag? Aus welchen Situationen des Wachlebens ist ihr das Gefühl des Traums bekannt? Das müssen übrigens keinesfalls offen kämpferische Szenarien sein, wie etwa ein harter beruflicher Konkurrenzkampf unter Arbeitskollegen. Denkbar wäre auch eine an sich unspektakuläre Ausgangslage wie die folgende, die es aber in sich haben kann: Wenn Sie ein sehr hilfsbereiter, pflichtbewusster Mensch sind, neigen Sie dazu, die Bedürfnisse der anderen immer an oberste Stelle zu setzen – ganz unabhängig davon, wie es um die eigenen Kräfte bestellt ist. Sie legen für sich selbst die Messlatte hoch an, mit Ihrem eigenen anspruchsvollen Wertesystem können Sie sich massiv unter Druck setzen. Das Resultat wäre, chronisch unter einer sehr hohen Anforderung zu stehen. Unter solchen Umständen kämpfen Sie tagsüber zwar nicht mit Bösewichtern und wilden Tieren, stattdessen aber oft mit dem unerbittlichen Gefühl, sich trotz aller Anstrengungen dennoch nicht ausreichend für die Bedürfnisse der anderen eingesetzt zu haben. Wenn der innere Druck steigt, dann steigt auch das Bedürfnis nach einem Befreiungsschlag.[6]

Das bringt einen weiteren Stressfaktor ins Spiel: Innerlich beginnt ein bedrückendes Gefühl zu rumoren. Sie selbst und Ihre Bedürfnisse bleiben bei einem so ausgeprägten Pflichtbewusstsein völlig unberücksichtigt. Eine solche Haltung bedeutet chronischen Stress und ruft dringend nach Veränderung. Träume können dazu eine Spur liefern.

Gedankliche Verarbeitung des Tagesgeschehens

Der Traum ist eines von vielen Elementen, die nötig sind, um den Organismus körperlich und seelisch gesund zu erhalten. Das heißt, ein Traum ist in der Regel bereits dadurch, dass er stattfindet, sinnvoll. Er muss nicht gedeutet werden, um wirksam zu sein. Seine gesunderhaltende Funktion findet einfach statt. Das heißt zudem: Ein Traum muss nicht Träger sinnschwerer Bedeutung sein. Er kann für uns aber – je nach Art des Traums – interessante Zusatzinformationen bereithalten. Solche Träume melden sich jedoch von selbst, wir müssen uns nicht dazu zwingen, sie zu erinnern.

Viele Träume drücken ganz einfach unsere alltäglichen oder auch nicht so alltäglichen Erfahrungen aus, wie folgende Beispiele zeigen. Ein Universitätsprofessor zum Beispiel berichtet:

TRAUM

Ich träume oft, wie ich Vorträge halte, die mir übrigens morgens beim Aufwachen noch gut gefallen.

Der Traum schildert für ihn nichts Neues, sondern erzählt in Variationen von seiner Alltagstätigkeit, die ihn offenbar erfreut und mit Stolz erfüllt.

Außergewöhnliche Alltagserlebnisse werden entsprechend auch in ausführlichere Traumgeschichten verpackt, wie das folgende Beispiel veranschaulicht. Eine pensionierte Übersetzerin war auf einem ihrer Spaziergänge von einem jungen Mann in ein angeregtes Gespräch verwickelt wor-

den. Er stammte aus Marseille und reiste gerade für mehrere Monate durch Europa. Sehr interessiert erkundigte er sich über ihr Land, erwähnte Dinge, die ihm aufgefallen waren; sie diskutierten lebhaft. Er war erstaunt, dass sie seine Heimatstadt gut kannte, da sie dort vor Jahrzehnten im Alter von 18 Jahren einige Zeit als Au-pair verbracht hatte, um ihre Französischkenntnisse zu vertiefen und ein neues Stück von der Welt kennenzulernen.
Durch dieses Treffen und die dabei aufsteigenden Erinnerungen fühlte sie sich plötzlich in diese Zeit zurückkatapultiert. Überrascht stellte sie fest, dass sie damals etwa so alt wie dieser junge Mann heute gewesen war und kam sich, während sie mit ihm debattierte, auf einmal vor wie 18-jährig, allerdings mit all den Erfahrungen und dem Wissen von heute. Gleichzeitig war ihr fast schmerzhaft bewusst, dass sie ihr aktives Berufsleben bereits hinter sich hatte und seine Großmutter sein könnte. Am Morgen nach diesem Gespräch erinnert sie folgendes Traumfragment:

TRAUM

In einem Koffer zusammengerollt liegt Flouflou, der Hund meiner Au-pair-Familie. – Er war übrigens damals schon recht betagt, was sich auch daran zeigte, dass er immer wieder vergaß, wen er kannte und wer im Haus fremd war. So konnte es sein, dass er vertraute Freunde der Familie heftig anknurrte und Stunden später plötzlich ein wildes Wiedersehens-Tänzchen um diese Leute herum veranstaltete, welches er mit freudigem Bellen begleitete. – In meinem Traum nun sieht er aus wie eine Abbildung von sich selbst, fast wie eine Figur aus Hartgummi, ich weiß aber, dass er lebendig ist. – In der nächsten Szene steht er etwas steifbeinig da, heftig wedelnd bellt er freudig und wie wild, so wie damals, wenn er mich jeweils wiedererkannt hat. Ich denke mir im Traum: »Jetzt ist er genau wie damals.«

Das reale Zusammentreffen mit dem jungen Mann war eine einschneidende Erfahrung: Es hatte sie mit dem Älterwerden konfrontiert. Im Alltag läuft vieles von diesem Prozess unbemerkt ab, und es sind Momente wie die oben geschilderte Begegnung, wo uns förmlich ins Auge springt, wie sehr wir uns in der Zwischenzeit verändert haben. Mit den Einbußen des Alterns fertigzuwerden, aber auch das Bereichernde der gesammelten Erkenntnisse zu sehen sowie mit den Befürchtungen zurechtzukommen, welche gesundheitlichen Einschränkungen noch bevorstehen könnten – all das sind Aspekte dieser inneren Auseinandersetzung. Der Traum bebildert sie salopp mit dem betagten Hund, der mit dem einen oder anderen Ausfall seiner Fähigkeiten bereits zurechtkommen muss, aber noch vor Lebensfreude strotzt – wie früher.
Bereits als junges Au-pair-Mädchen hatte sie an diesem netten kleinen Hund wehmütig das Thema Altern zur Kenntnis genommen. Mit diesem Zeitsprung, ausgelöst durch die Begegnung mit dem jungen Reisenden, wird für sie dieses Thema, zusammengefasst im Traumbild von Flouflou, erneut auf den Punkt gebracht. Ihre aktuell laufende innere Auseinandersetzung mit dem eigenen Älterwerden zeigt sich selbstverständlich auch im Traum.

Ausdruck ständigen Lernens

Das, was wir tagsüber an neuen Informationen aufnehmen, gilt es zu sortieren und einzuordnen. So erweitert sich unser Repertoire an Wissen und Fertigkeiten. Folgendes Beispiel zeigt einen solchen Lernprozess.
Eine 16-jährige Schülerin ist gerade total in ihren Mitschüler Raphael verliebt, er in sie ebenfalls. Bisher sind sie sich aber noch nicht näher gekommen. In ihrer Freizeit ist sie sportlich sehr aktiv und interessiert sich besonders für psychologische Themen. Seit einiger Zeit befasst sie sich mit Entspannungstechniken und Meditationsübungen und probiert diese aus. Sie schildert folgenden Traum:

TRAUM

Meine Freundin Lea und ich befinden uns im Sportunterricht. Sie hatte mich gerade bei einer Meditationsübung angeleitet, was sehr gut gewesen war. Jetzt sollten wir die Rollen tauschen und ich war dran, sie bei den Entspannungsschritten zu führen. Aber ich war ständig abgelenkt, konnte mich überhaupt nicht konzentrieren. »Raphael«, dachte ich, »vielleicht kommen plötzlich er und sonst noch ganz viele Zuschauer, Leute aus seiner Klasse …«

Es sind Aktivitäten aus ihrem Alltag, die der Traum zeigt. Die Beteiligten sind Menschen aus dem nahen Umfeld und die damit verbundenen Gefühle sind ein zentraler Ausschnitt von dem, was sie im Wachleben zurzeit vorrangig beschäftigt: die Anspannung des Verliebtseins, der damit verbundene Stress, wie die Begegnungen wohl künftig ver-

sprechen davon, dass es für tragfähige Entscheidungen Kopf und Bauch braucht. Oder dass eine Person, die eine Gruppe prägt, deren Kopf sei. Auch den eigenen Kopf durchzusetzen, wäre in diesem geschilderten kopflosen Zustand nicht mehr möglich.

Im Traum ist die Träumerin wegen der abnehmbaren Köpfe irritiert und erschrocken. Das steht im starken Kontrast zum Erleben der so verblüffend handelnden Verwandten, die ganz cool bleiben. Vieles spricht allerdings dafür, dass es ohne Kopf gefährlich werden könnte. Die Träumerin, der dieser »Modetrend« fernliegt, könnte überlegen: Wo im Alltag steht die eigene spontane Reaktion im Kontrast dazu, wie ihre Umgebung bestimmte Dinge beurteilt? Wovon sollte sie sich besser nicht anstecken lassen, etwa von Stimmungen oder Verhaltensweisen, die ihre Schwägerin für sie derzeit verkörpert und die als zu befolgender Trend verkauft werden?

Mit dem nächtlichen Einordnen von Eindrücken gelangt die Träumerin zu einer neuen Erkenntnis und lernt etwas über ihr Umfeld hinzu. Denn der Traum stellt dar: Die Schwägerin und die Nichte zeigen sich im Zusammenhang mit dem Todesfall gravierend verändert. Auch wenn sie beschwichtigen, spürt die Träumerin Grund, ernsthaft über ihren Zustand besorgt zu sein. Aus dem Traum erwacht, könnte ein solches emotionales Fazit Anlass sein, diesem Gefühl der Besorgnis auf den Grund zu gehen.

Erweiterung des Selbstbildes

Im Lauf unserer persönlichen Entwicklung entdecken wir durch die täglichen Erfahrungen das, was uns als Persönlichkeit ausmacht: was uns leicht fällt, was uns nur schwer von der Hand geht, was wir gerne tun und was uns ein Graus ist. Stellen Sie sich vor, Sie wachsen in einer musikalischen Umgebung auf, haben selbst aber keinerlei musikalisches Talent. Es wird sehr davon abhängen, wer Sie als Kind aufmerksam beobachtet, ob Ihre Talente, die andere sind als die Vorlieben der Familie, zum Tragen kommen. Schwierig wird es insbesondere dann, wenn die Menschen in Ihrer Umgebung über das, was Sie besonders interessiert, sogar eher verächtlich sprechen oder denken. Kurz: Je nach Umgebung sind uns bestimmte Erfahrungen nur erschwert oder gar nicht möglich und andere dafür werden verstärkt von uns gefordert.

Mit der Zeit erkennen Sie immer genauer, was im Rahmen Ihrer Fähigkeiten liegt und was nicht. Das Bild von sich selbst wird immer konkreter. Und wenn Sie plötzlich vor einer völlig veränderten Situation stehen, sei es durch eine plötzliche Wende in Ihrem Leben oder durch eine überraschende Lebensentscheidung, verhalten Sie sich mit einem Mal anders als gewohnt und entdecken neue Seiten an sich. Ebenso geht es uns in Kontakt mit anderen Leuten. Viele Jahre hatten wir zum Beispiel ein bestimmtes Bild von einer Kollegin, bis sie plötzlich völlig anders reagierte, als wir es von ihr erwartet oder es ihr zugetraut hätten. Die Reaktion zeigt aber zweifellos: Auch das ist eine Seite von ihr.

Eigenschaften können quer zum Bild liegen, das wir uns von uns selbst gemacht haben, wie folgende Traumschilderung zeigt:

TRAUM

Im Traum tanzte ich wie ein Gott – dabei habe ich doch zwei linke Beine und kann das überhaupt nicht.

Beim Erwachen sind ganz verschiedene Reaktionen des Träumers denkbar: Unter Umständen schwingt er sich schmunzelnd aus dem Bett und staunt über die angenehme Erfahrung. Oder er seufzt deprimiert und stellt fest, dass er so etwas Tolles sowieso nie hinbekommt. Ein ganz anderes Fazit zieht er, wenn er beschließt: »Das fühlte sich so gut an, das probiere ich aus.« In diesem Fall regt der Traum dazu an, sich einer neuen Erfahrung zu öffnen.

Wenn wir die Erlebnisse aus einem Traum als fremd empfinden, dann fühlen wir uns logischerweise mit diesen Erfahrungen nicht im Einklang. Es besteht eine Dissonanz zwischen der Vorstellung, die wir über uns selbst pflegen, und unserer konkreten Erfahrung. Der Traum bringt diesen inneren Widerstreit bildhaft zum Ausdruck und macht diese Spannung zum Thema.

Verblüffende oder ängstigende Träume regen an. Wir wollen Genaueres wissen, zumindest dann, wenn die Gefühle nicht zu unangenehm oder zu überwältigend sind. Das Anliegen ist, den Dingen auf den Grund zu gehen, um dafür zu sorgen, dass das, was querzuliegen scheint, wieder in Harmonie kommt. Die mit dem Traum verbundenen intensiven Gefühle sind der Auslöser, die innere Spannung zu beseitigen und das Unverständliche zu verstehen.

Sich selbst ein Rätsel ist der Träumer mit folgendem Thema, das in seinen Träumen regelmäßig wiederkehrt:

TRAUM

In meinen Träumen suche ich immer nach meinem Portemonnaie. Manchmal finde ich es und manchmal nicht – dann wache ich auf. Was hat das zu bedeuten?

Da er sich selbst offenbar nicht so kennt, wie ihn diese Träume beschreiben, geht es nicht um das Thema Schusseligkeit oder Vergesslichsein. Stattdessen stellt der Träumer eine Diskrepanz zwischen seinem Verhalten im Traum und seinem sonst üblichen im Wachleben fest.

Hinweise gibt der Gegenstand, der die zentrale Rolle spielt: das Portemonnaie. Es dient dazu, Geld aufzubewahren und rasch und bequem darauf zugreifen zu können. Geld wiederum dient der Existenzsicherung, ermöglicht Handlungsspielraum.

Der Traum beschreibt den Träumer immer wieder in derselben Situation: Der unkomplizierte Zugriff aufs Geld gelingt ihm entweder nicht oder nur dann, wenn er danach gesucht hat. Er verfügt zwar offenbar über materielle Mittel, aber der Zugriff darauf ist kompliziert oder unmöglich.

Weitere aufschlussreiche Hinweise erhält der Träumer, wenn er formuliert, wie er sich in diesen Momenten im Traum fühlt: Ist er gestresst? Verblüfft? Genervt? Lässt es ihn kalt oder stürzt es ihn vielleicht sogar in existenzielle Angst?

Als Fazit liegt die Frage nahe: Wo macht er es sich im Alltag selbst schwer, seine materiellen Möglichkeiten zu seiner Existenzsicherung und für seinen Handlungsspielraum zu sichern? Verhält er sich zuweilen etwas leichtsinnig, kann er seine Talente nicht richtig nutzen, sodass er dadurch seine materiellen Grundlagen schädigt? Je nachdem, welches Befinden für ihn zutage tritt, wenn er den Traum eingehender betrachtet – es lohnt sich, sich selbst damit ernst zu nehmen. Denn offensichtlich »fehlt« ihm etwas. Für ein Weiterentwickeln in der Balance benötigt er entsprechende Gegenmaßnahmen, damit er nicht zu Schaden kommt.

Als glückliches Vorzeichen für erfreuliche Veränderungen empfand eine 62-jährige Frau, die aus dem kirchlichen Leben viel Kraft schöpft, folgenden Traum:

TRAUM

Allein in einer Kirche entdeckte ich einige Meter über mir ein paar gespannte Drähte. Genau über diesen Drähten entdeckte ich einen Engel. Vor der Kirche kam auch noch eine Bundesministerin vor, die ich nicht so sehr mag; wie immer lachte sie.

Ihre gute Verfassung nach dem Traum signalisiert der Träumerin eindeutig: In ihrem Leben deutet sich eine positive Wende an, nachdem sie eine sehr schwierige Etappe zu bewältigen hatte. Da sie der Traum weiter beschäftigte, lag es für sie nahe, sich durch seine Bilder anregen zu lassen, welche Richtung für diese erfreulichen Veränderungen einzuschlagen wäre. Auffallende Bestandteile eines Traums – hier der Engel sowie Drähte, die gespannt sind – liefern Vorschläge.
Engel gelten als freundlich Unterstützende und als Künder besonderer, meist froher Botschaften. Der Engel in diesem Traum ist nicht zum Greifen nah, sondern befindet sich oberhalb der gespannten Drähte. Das legt ein Wortspiel nahe: Um den Engel genau zu hören, muss man unter Umständen »gespannt«, das heißt neugierig und offen sowie »auf Draht« sein.
Der Traum spielt sich innerhalb und außerhalb der Kirche ab, und den Traumbildern nach liegt das Gewicht zu gleichen Teilen auf beiden Bereichen. Da die Träumerin in ihrem Bericht besonders erwähnt, welch große Rolle die

Kirche in ihrem Leben spielt, ergibt sich aus der Traumdarstellung ein erweiternder Hinweis. Für die positiven Veränderungen in ihrem Leben benötigt sie nicht nur die kirchliche, sondern auch die gesellschaftliche Dimension. Der Traum unterstreicht das mit einer außergewöhnlichen Figur, die an dieser Stelle ins Spiel kommt: eine Ministerin, eine politische Leistungsträgerin, die ihr bisher gar nicht sympathisch war.

Eine so unerwartete und dazu noch unliebsame Traumfigur lohnt immer einen besonders genauen Blick. Eigenschaften, die die Träumerin mit dieser Figur verbindet, verraten Wichtiges, worum es für sie selbst zukünftig geht. Was verbindet sie mit dieser ungeliebten Politikerin? Sich etwas nehmen, was früher nur Männern zustand? Anders sein als gewohnt, ausbrechen aus bisherigen Bahnen? Findet sie die Ministerin unweiblich oder zu weiblich? Was meint sie, wenn sie sagt, diese »lache immer«? Ideen zu solchen Traumbildern liefern Anregungen, in welcher Richtung sie die erfreulichen Veränderungen finden und aktiv in ihr Leben integrieren kann.

Wie im Wachleben auch gibt es kein Zauberverfahren, gewünschte Veränderungen sofort einzubauen oder psychische Ungereimtheiten und Widersprüche mit einem Fingerschnippen auf die Reihe zu bringen, sodass es zur inneren Landschaft der seelischen Logik passt. Es braucht Zeit, sich an neue Seiten von sich selbst zu gewöhnen. Auch wenn man sich gezwungenermaßen mit neuen Lebensumständen vertraut machen oder unabänderliche Tatsachen akzeptieren muss, wie etwa den Tod eines geliebten Angehörigen, läuft das oft langsamer, als uns lieb ist.

Von negativen Gefühlen, die dem Träumer auch während des Tages bewusst waren, erzählt folgender Traum. Der Träumende hatte sich am Tag zuvor furchtbar über ein junges Teammitglied geärgert. Die Frau hatte Urlaub eingereicht, diesen aus betrieblichen Gründen aber nicht erhalten. Daraufhin hatte sie auf Kosten ihrer völlig überlasteten Kollegen krankgefeiert und den Tag beim Shoppen verbracht, wobei er sie – gut gelaunt und voll bepackt mit Taschen – nach seinem Dienstschluss zufällig von Weitem gesehen hatte.

TRAUM

Ich hatte einen außerordentlich heftigen verbalen Crash mit einer in Kündigung stehenden Teamkollegin. Ich kanzelte sie auf gröbste Weise vor dem ganzen Team ab.

Der Traum bildet seine große Wut ab, die er real beim Anblick der fröhlich blaumachenden Kollegin empfunden hatte: Er sieht sie bereits als gekündigt und wirft ihr ungefiltert und mit Wucht seine Meinung an den Kopf.
So aber, erklärt er, kennt er sich selbst nicht – er kanzelt Leute nicht vor anderen ab. Sein Ausbruch beunruhigt ihn. Der Traum bringt es auf den Punkt: Die unerfreuliche Zusammenarbeit mit dieser illoyalen Kollegin bringt ihn an den Rand seiner Beherrschung und treibt ihn eigentlich darüber hinaus. Sein Ärger ist enorm und dadurch steht er unter großem innerem Druck. Sein Traum illustriert, dass die Situation für ihn nicht mehr erträglich ist. Er ist dringend darauf angewiesen, eine Möglichkeit zu finden, um den entstandenen Konflikt zu entschärfen.

Auch im folgenden Traumbericht eines 30-jährigen Mannes, der alleine lebt, ist das Gefühl der Wut zentral:

TRAUM

Kann es sein, dass ich in Wirklichkeit auch so durchdrehe? Im Traum wurde ich Augen- und Ohrenzeuge einer sehr wüsten abendlichen Szene vor dem Mietshaus, in dem meine Eltern wohnen. Plötzlich zieht ein Nachbar – der meine Eltern übrigens wirklich seit Jahren auf das Übelste schikaniert – eine Waffe aus seiner Jacke und schießt eine auf der Vortreppe sitzende Katze meiner Mutter nieder.

Ich befinde mich im Haus und kann alles genau beobachten und mithören. Sie merken davon nichts. Als ich aber mit ansehe, wie er die Katze niederstreckt, bin ich zuerst perplex und gerate dann so sehr in Rage, dass ich den Feuerhaken vom Schwedenofen packe, direkt aus dem Fenster springe und diesem Nachbarn mit aller Wut und Wucht das Gesicht damit zerfleische.

Katzen sind seit meiner Kindheit meine Lieblingstiere. Und den Nachbarn kann ich auf den Tod nicht ausstehen. Aber so auszurasten? Dass ich das tun könnte – der Gedanke beunruhigt mich sehr.

Die Traumbilder sind keine Vorhersage eines unabänderlichen Schicksals, sondern das nächtliche Erlebnis im Schlaf ist eine bildhafte Schilderung dessen, was sich innerlich gerade abspielt: Der Träumende explodiert in Gedanken vor Wut. Die Szene liefert eine bildhafte Skizze dazu, was passiert, wenn Empörung, Ärger, Wut vor sich hin gären, man sich ohnmächtig ausgeliefert fühlt und plötzlich eines Tages das berühmte Quäntchen zu viel hinzukommt.

Im Alltag sehen wir uns oft gezwungen, unangenehme Situationen innerlich abzufedern und zunächst mit uns selbst auszumachen. Dieses innere Verarbeiten ist eine psychische Stärke – diese Fähigkeit hat aber auch ihre Grenzen, wie das Beispiel des Traums eindrücklich zeigt.
Frust und Unmut jeweils innerlich abzuhandeln und zur Tagesordnung überzugehen – wenn es gelingt, kann das Problem gelöst sein. Denkbar ist aber auch, dass man es unter Einsatz einer großen Portion Vernunft in ein gedankliches Nebenabteil schiebt, wo es uns vorderhand nicht mehr behelligt. Das Potenzial, uns Ärger zu machen, behält dieser Sachverhalt aber weiterhin.
Hat die Strategie geholfen, die Situation zu handhaben, werden wir sie sehr wahrscheinlich wieder nutzen. Das heißt, wir verstärken die bisherigen Bemühungen: einerseits noch mehr innerlich abzuhandeln und, wo der direkte Kontakt nicht zu vermeiden ist, noch freundlicher und vernünftiger zu reden, um eine Person, die uns irritiert, zur Räson zu bringen. Die Strategie ermöglicht es zwar, lange Zeit die Fassung zu bewahren, die Situation selbst hat sich damit aber nicht verändert, was chronisch frustriert. Denn wenn sich dadurch nicht entlastend Neues entwickelt, bedeutet es, wichtige eigene Bedürfnisse zu übergehen. Das erhöht den inneren Druck und die Gefahr zu explodieren. Explosionen wirken allerdings oft zerstörerisch. Wann das befreiend ist und wann nur vernichtend, das lässt sich kaum vorhersagen. Eines aber ist sicher: Eine solche Explosion ist nicht mehr zu kontrollieren. Um im Alltag hier gegensteuern zu können, ist es wichtig, die eigene Wut, die innere Not ernst zu nehmen. Welches sind die eigenen zentralen Bedürfnisse und welche die von anderen – Bedürfnisse, die zu kurz kommen? Wer durch einen solchen Traum die

Gefahr sieht, kann damit beginnen, die Situation zu entschärfen, sein Verhalten zu ändern, um gedeihlichere Bedingungen für sich zu schaffen. Geben Sie sich jedoch Zeit dafür, um Schritt für Schritt vorwärtszukommen.

Der folgende Traum beschäftigt eine 28-jährige Studentin. Sie ist berufstätig, um sich auf dem zweiten Bildungsweg ein Studium der Ökonomie zu ermöglichen. Obwohl sie von ihrem Fachgebiet fasziniert ist, leidet sie unter den ihrer Einschätzung nach oft nichtssagenden und theorielastigen Vorlesungen. Recht häufig hat sie diesen Traum, der sie sehr anstrengt und erschöpft:

TRAUM

Ich habe den ganzen Mund voll Kaugummi und kaue zunächst mit Genuss darauf herum, auch wenn es mir etwas viel vorkommt. Am Anfang bin ich noch ganz erfreut, dass es so ein richtig kräftiger, großer Kaugummi ist. Dann aber wird das Kauen immer mühsamer. Es ist, als würde der durchgekaute Kaugummi-Klumpen im Mund immer größer. Langsam tun mir schon die Kiefermuskeln weh und ich bekomme Angst, an der klebrigen Masse zu ersticken. Sofort fahre ich mit meinen Fingern in den Mund und versuche, den Kaugummi herauszuziehen. Zwar kann ich den ganzen Klumpen aus dem Mund fischen, aber es bleiben Reste und die füllen sofort wieder den ganzen Mund aus. Ich schaufle mit meinen Fingern Unmengen der klebrigen Masse heraus, aber es kommt immer neue Kaumasse nach. Ich fühle mich diesem unheimlichen Kaugummi immer ausgelieferter. Und es ist so anstrengend, ständig diese klebrige Masse aus dem Mund zu ziehen.

Von außen betrachtet springt der Zusammenhang mit den Alltagserlebnissen der Träumerin sofort ins Auge: Ihr Studium empfindet sie oft als endloses Herumkauen auf ausgeleierten Inhalten, die – je länger sie nun studiert – anwachsen und mühsamer werden. Auch die Doppelbelastung von Studium und Erwerbsarbeit nimmt, je länger es dauert, zu. Sie kennt auch Ängste, das Ganze könnte ihr zu viel werden oder sogar über den Kopf wachsen. Der ständig wieder auftauchende Traum legt nahe, dass sie ihrer sehr belasteten Verfassung noch nicht ausreichend Beachtung schenkt.

Der Gefühlsgehalt ist eindrücklich: Ihr Studium ist für die Träumerin anfangs eine durchaus angenehme Erfahrung, die ihr Spaß macht. Dann aber wird es zunehmend anstrengender und sogar bedrohlich. Sie fürchtet, an der Angelegenheit zu ersticken. Das Traumbild der Kaumasse, die aus dem Mund zu quellen und sich über den Kopf auszubreiten droht, ist eine wortwörtliche und gruselige Illustration ihres Lebensgefühls, die erforderliche Anstrengung könnte zu groß werden und ihr über den Kopf wachsen.

»Man kaut daran herum« – so sagt man umgangssprachlich, wenn etwas trotz vieler Bemühungen nicht so recht vorwärts geht. Das kann ein Genuss sein, wenn wir Spaß an der Herausforderung haben. Mühsam wird es, wenn es nur noch anstrengt und man vor Langeweile schier erstickt. Die zu kauende Sache wird im Traum etwas, was den Mund vollzustopfen droht. Auch das könnte eine weitere Spur sein: Welche Ereignisse im Alltag der Träumerin vermitteln ihr den Eindruck, dass ihr »der Mund gestopft« wird?

Eindrücklich ist, in welchen Anstrengungen sie gefangen ist, um dieser erstickenden Situation zu entrinnen. Der

Traum legt nahe: Die bisherige Strategie, die sie anwendet, um sich zu entlasten, verändert nichts. Ein anderes Vorgehen ist also notwendig, um aus diesem erschöpfenden Kreislauf herauszukommen.

Eine ganz andere Facette steht für diese 40-jährige Träumerin im Vordergrund:

TRAUM

Ein Traum, der mich ständig begleitet, und dies seit circa zehn Jahren, ist, dass ich darin sehr häufig mit Prominenten spreche oder in irgendeiner Form mit ihnen zu tun habe.

Diese Gespräche finden offenbar völlig selbstverständlich statt. Jetzt geht es darum zu erfahren, welche Haltung die Träumerin im Alltag prominenten Personen gegenüber einnimmt. Wäre sie da eher verschüchtert? Oder findet sie, um solche Leute werde ohnehin immer zu viel Aufhebens gemacht? Was fühlt sie, wenn sie diese Menschen in den Medien sieht oder hört? Ist es belebend, ärgerlich oder langweilig? Welche Charaktereigenschaften verbindet sie mit ihnen? Was ist für sie daran wichtig? Gibt es Aspekte, die sie selbst gern verwirklichen würde? Oder geht es in Variationen um die Erkenntnis: Die kochen auch nur mit Wasser? Je nachdem, wie die Antwort ausfällt, lässt sich dann übersetzen: »Wie hole ich solche Anregungen konkret in meinen Alltag? Wie gelingt es mir, selbst mehr solcher Fähigkeiten oder Eigenschaften zu entwickeln?« Oder: »Wie komme ich zu mehr Selbstvertrauen? Wer bin ich? Welche Aspekte sind es, die mich selbst als Person auszeichnen und unverwechselbar ausmachen?« Ein solcher

Traum kann den Anstoß liefern, das eigene charakteristische Profil weiterzuentwickeln.

Mit einem ähnlichen und zugleich anderen Entwicklungsthema ist ein elfjähriger Junge konfrontiert, der jede Nacht unter schlimmen Albträumen leidet, in denen er gejagt und geplagt wird, wo ihn Unheimliches bedroht und aus denen er schweißgebadet und oft weinend erwacht.
Sein Alltag ist davon geprägt, dass er spastisch gelähmt ist. Dieses Handicap erschwert ihm koordinierte Arm- und Beinbewegungen. Sportliche Hobbys sind daher nicht möglich, am Turnunterricht in der Schule kann er auch nicht teilnehmen. Zum Glück liest und tüftelt er gern, kann sich gut allein beschäftigen. Die Schule bewältigt er mit links. Der Computer ist seine Leidenschaft. Er weiß viel, kennt sich aus, kann gut kombinieren und hat auf diesem Weg gute Kontakte geknüpft.
Eine konstante Erfahrung dieses Heranwachsenden ist es, vor größeren sichtbaren Hürden zu stehen als die Menschen in seiner Umgebung. Vieles, was diese einfach meistern, erfordert von ihm erhöhte Konzentration und spezielle Anstrengung. Eine häufige Erfahrung dürfte auch sein, dass er mit seinen unkontrollierten, fuchtelnden Bewegungen seine Umgebung manchmal erschreckt. Leute, die ihn nicht kennen, reagieren befremdet und zucken zusammen. Auch wenn er sich solche Reaktionen inzwischen logisch erklären kann, treffen sie ihn dennoch immer wieder. Andere einfach dadurch zu erschrecken, dass man so ist, wie man eben ist, das verletzt. Es ist nichts, was er durch sein eigenes Verhalten irgendwie verändern könnte. Es bleibt ihm nur, dies alles entsprechend einzuordnen und zu lernen, damit zurechtzukommen.

Zentrale Punkte dabei werden sein:

- das eigene Erschrecken über die Reaktionen anderer besser zu verstehen und – mit liebevollem Mitgefühl für sich selbst – zu sehen, dass man wieder mal eine unangenehme Situation überstanden hat;
- sich selbst genau zu erklären, warum jemand auf eine bestimmte Art reagiert hat;
- bewusst Orte und Menschen aufsuchen, die man mag, bei denen man sich wohlfühlt und ebenfalls gemocht wird.

Es sind die unterschiedlichsten Veränderungen, die uns das Leben im Lauf der Zeit abverlangt. Manche gehen uns mühelos von der Hand, anderen stehen wir skeptisch oder widerwillig gegenüber, obwohl wir nicht um sie herumkommen. Unsere nächtlichen Auseinandersetzungen, die uns in Teilen als Träume in Erinnerung bleiben, bereiten unter anderem solche Entwicklungen vor. Mit einem Traum liegt uns daher zuweilen eine Planungsskizze zu einem psychischen Innenumbau vor.

Ebenso wie unsere Träume den aktuellen Stand des eigenen Befindens als Fotomontage oder Kurzvideo in Auszügen schildern, so werfen sie immer wieder auch ein Schlaglicht auf unser Beziehungsleben. Auch bei dieser Thematik geht es darum, sich über den Ist-Zustand klar zu werden und sich selbst zu verdeutlichen, wie eine konstruktive Entwicklung aussehen könnte. Eine Witwe schildert dazu folgenden sich wiederholenden Traum:

TRAUM

Seit ungefähr 15 Jahren taucht mein verstorbener Mann immer wieder in meinen Träumen auf. Hier ist er aber nicht liebevoll, wie er es tatsächlich war. Sondern im Traum ist er da mit einer anderen und will sich von mir scheiden lassen.

Für die Träumerin ist es beunruhigend, ihren Mann im Traum scheinbar von einer ganz anderen Seite kennenzulernen: lieblos, von ihr abgewandt, mit einer anderen Frau liiert. Die Träume irritieren sie, denn so kennt sie ihren Mann nicht. Hatte sie zu seinen Lebzeiten etwas übersehen? Der Traum fällt auch dadurch auf, dass er sich ständig wiederholt. Um ihn zu verstehen, gilt es wieder, Besonderheiten und Widersprüche genau zu erfassen.

Die Diskrepanz, die der Träumerin zuerst ins Auge springt, ist der total veränderte Charakter ihres Mannes: lieblos zu ihr und in Beziehung mit einer anderen Frau.

Ein weiterer Widerspruch: Der Traum schildert sie mit ihrem Mann zusammen und noch verheiratet. Tatsächlich aber ist sie seit über 15 Jahren verwitwet – ihr Mann hat sie verlassen, weil er gestorben ist. Vom Verstand her ist der Träumerin diese Tatsache bekannt. Was ihre Gefühle betrifft, sieht es jedoch anders aus. Denn ihre Träume beschreiben sie nach wie vor als verheiratet. Seit vielen Jahren lebt sie nun ohne die Liebe ihres Mannes, sozusagen »lieb-los«. Die bestehende Tatsache – das Leben als Witwe – passt nicht zu ihrem Gefühl des Verheiratetseins. Was sie als Witwe tagtäglich erlebt, nämlich ihren Alltag ohne Partner und ohne seine Liebe zu bewältigen, lässt sich mit dieser emotionalen Gewissheit, dass sie beide noch verheiratet seien, nicht in Einklang bringen.

Die Geschichte, die der Traum erzählt, liefert eine plausible Erklärung für die Abwesenheit des Mannes. Gleichzeitig gibt er einen Impuls zur Veränderung. Denn der Mann reicht im Traum immer wieder die Scheidung ein. In Variationen greift dieser sich wiederholende Traum das Thema auf: Es geht um eine auch emotionale Beendigung dieser Ehe und darum, sich als verwitwete Frau neu zurechtzufinden – sich vom Verstorbenen zu lösen und dennoch die Erinnerung an ihn lebendig zu halten.

Gedankenspiel für neue Ideen

»Sie Träumer!« – wenn Sie diesen Ausruf in scharfem Ton als Antwort auf einen Vorschlag bekommen, dann wissen Sie, was es geschlagen hat. Es hätte auch heißen können: »Sie Spinner!« Mit einem Begriff fasst ein solcher Kommentar zusammen, was man von Ihrem Beitrag hält, nämlich nichts. So betrachtet gilt ein Traum als Luftschloss, als Seifenblase, als Hirngespinst und was es sonst noch alles an despektierlichen Bezeichnungen gibt, um zu beschreiben, dass eine Sache keine Substanz habe.
Tatsächlich ist ein Traum ja auch nichts Greifbares. Zunächst ist da nur ein Bild oder eine vage Stimmung vielleicht, die beim Erwachen übrig bleibt. Was aber geschieht, wenn man einen Gedanken hin- und herwendet, wenn man an ihm »herumspinnt«, so wie aus Flachs Garn entsteht? Wenn sich ein Gedanke erst einmal festsetzt, weil es gelungen ist, ihn in Worte zu kleiden und ihn damit richtig zu fassen zu kriegen – dann bietet er Material für Stoff, aus dem nicht nur die Träume sind.
Die Geschichte liefert uns viele Beispiele zur Dynamik, die Träume entwickeln können. Wo wären wir heute, wenn

Leute wie der Schneider von Ulm oder die Gebrüder Wright nicht ihren Träumen und Gedanken nachgehangen hätten, wie es wohl wäre, sich wie ein Vogel in die Luft schwingen zu können? Zahllose Ideen schoben sie gedanklich hin und her, erwogen, verwarfen, probierten erneut. Sie ließen nicht locker und der Gedanke ließ sie ebenfalls nicht los. Der Schneider von Ulm musste allerdings damit leben, noch dafür verlacht zu werden, als sein Flugversuch mit einem Bad in der Donau endete. Ein Lügner und Betrüger sei er, den die Gesellschaft daraufhin vollends ächtete. Die Experimente und Geräte der Gebrüder Wright hingegen, mit denen sie ihren Traum vom Fliegen verwirklichten, ermöglichten dann auch den Zeitgenossen zu erkennen, dass dieser Traum keine Spinnerei war.

Die afghanische Rapperin Sonita Alizadeh und Manal al-Sharif aus Saudi-Arabien, die sich heute für die Rechte der Frauen in der islamischen Welt einsetzen, riskieren es ebenso wie der Bürgerrechtler Martin Luther King, der gegen Rassentrennung kämpfte, es im letzten Jahrhundert riskiert hatte: von den eigenen Träumen zu sprechen, das heißt Wünsche und Sehnsüchte zu äußern, die für viele bis zu diesem Zeitpunkt unerhört schienen. Wie lange es oft dauern kann, bis diese Träume Wirklichkeit werden, veranschaulichen geschichtliche Tatsachen, wie etwa der Umstand, dass bereits über ein Jahrhundert vor Martin Luther King Menschen wie Harriet Tubman entschlossen für die Befreiung schwarzer Sklaven kämpften und sich für die Rechte von Frauen einsetzten. Träume sind ihrer Zeit manchmal weit voraus, nicht zuletzt deshalb lohnt es sich, sie nicht vorschnell als verkehrt abzutun.

Ungerechtigkeit macht krank, worunter letztlich die ganze Gesellschaft leidet. Die Kraft der Fantasie, die Fähigkeit,

sich vorzustellen, es könnte auch ganz anders sein, es könnte auch gerechter zugehen – es kommt nicht von ungefähr, dass wir das ebenfalls als Träumen bezeichnen. Es ist der Vorgang, Eindrücke einzuordnen, den Stand der Dinge zu benennen und schließlich die Stelle zu erkennen, an der eine Weiterentwicklung möglich wäre. Diese Dynamik ist es, die auch in unseren nächtlichen Träumen schlummert.
Damit sie zum Tragen kommen kann, dafür brauchen wir zuallererst den Schlaf. Ohne Schlaf keine Träume, so einfach ist das. Nein, ganz so einfach ist es natürlich nicht. Denn unsere Träume sind hartnäckig und schleichen sich, etwa bei fehlendem Schlaf, auch tagsüber vor unsere Augen – was zu Unaufmerksamkeit und Konzentrationsproblemen führt. Ohne Schlaf fallen die ausführlichen nächtlichen Traumetappen weg, die einordnen und regenerieren helfen. Vor diesem Hintergrund gibt es zu Besorgnis Anlass, wenn unsere Gesellschaft seit einiger Zeit einen 24-Stunden-Wach-Modus zu favorisieren scheint. Denn Schlafentzug beschädigt unsere Fähigkeit zur Regeneration. Und nicht nur sie – auch der Freiraum fehlt uns dann, die nächtliche Phase des Träumens, in der die vielen Eindrücke des Tages in uns hin und her tanzen, wo sich Verbindungen und Zusammenhänge zu zeigen beginnen und sich ab und zu auch verblüffend Neues auftut.

Frei Haus eine neue Sicht geliefert zu bekommen, zum Beispiel auf sich selbst und die eigenen Gefühle, das bietet uns das Repertoire der Träume. Je weiter weg dies vom bisherigen Bild ist, das man sich von sich selbst oder einem Sachverhalt gemacht hat, desto verblüffter ist man. Vielleicht wirkt es auch so völlig fremd, dass man geneigt ist, den Traum sofort abzutun und zu vergessen. Andererseits kann ein solcher Traum sogar ängstigen, etwa, weil man befürchtet, die Kontrolle zu verlieren oder weil das Unbekannte einfach zuerst mal einen Schreck einjagt. So wie es diesem Träumer, Mitte 50, mit folgendem Traum erging:

TRAUM

Dann hatte ich Krach mit meiner Frau, dass die Fetzen flogen – dabei streite ich doch nie mit ihr.

Aus einem solchen Traum erwacht, ist man vielleicht irritiert und denkt: »So ein Blödsinn!« Und beschließt, keine weiteren Gedanken daran zu verschwenden. Das wäre allerdings schade, denn das nächtliche Bilderstudio schickte nichtalltägliches Material, das anregenden Denkstoff bietet.

Wir kennen die aktuelle Situation des Träumers nicht. Wir wissen nicht, wie er seine Partnerschaft aktuell einschätzt. Wir wissen nicht, was ihm im Kontakt mit seiner Frau zurzeit wichtig ist. Ob er sich zum Beispiel seit einiger Zeit vorgenommen hat, deutlicher die eigene Meinung zu vertreten. Oder ob ihm kein Opfer zu groß ist, um den ehelichen Frieden zu erhalten. Ein solcher Traum regt dazu an, sich über das eigene Befinden in der Partnerschaft klarer zu werden. Folgende Fragen weisen auf wesentliche Aspekte hin:

- Wie geht es mir gerade mit meiner Partnerin?
- Was halte ich grundsätzlich von einem Streitgespräch mit ihr?

Bekannt ist: Dieses Szenario eines Streits mit seiner Frau ist für den Träumer neu. So kennt er sich nicht. Die meisten Leute mögen Streit nicht, was vermuten lässt, dass es dem Träumer ähnlich geht und er zumindest zwiespältige Gefühle mit einem solchen Traum verbindet. Das legt nahe, weiter zu recherchieren:

- Wie geht es mir, wenn wir als Paar unterschiedlicher Meinung sind?
- Wer gibt nach?
- Wie fühle ich mich dabei?
- Wie geht es wohl meiner Partnerin damit?

Wäre der Träumer im Alltag davon überzeugt, dass er und seine Frau immer einer Meinung und in harmonischem Einklang sind, dann wird ihm der Inhalt des Traums – was seine Person und Beziehung betrifft – besonders rätselhaft sein. Denn sein Traum bringt einen neuen Gedanken ins Spiel: Hier hält er selbst es für möglich, dass er und seine Frau so unterschiedlicher Meinung sind, dass sie darüber in heftigen Streit und Wortwechsel geraten.

Der Traum skizziert eine mögliche Veränderung. Auch wenn die gezeigte Entwicklung zunächst eine eher beängstigende Vorstellung ist, lohnt es sich, dem Gedanken noch weiter nachzugehen:

- Wozu könnte ein solches Gedankenspiel, das der Traum liefert, nützlich sein?
- Falls ich eine solche Entwicklung im Alltag unter allen Umständen vermeiden will: Was wäre der Vorteil? Welchen Preis würde ich andererseits dafür zahlen?

- Welchen Preis haben wir bisher dafür bezahlt, noch nie gestritten zu haben?

Falls sich der Träumer als eine Person kennt, die sich ab und zu auch mal über die eigene Frau ärgert oder sich von ihr verletzt fühlt, dann könnte ihm auch tagsüber schon der Gedanke gekommen sein, ihr einmal gehörig die Meinung zu sagen. Wahrscheinlich wäre er sich dann zudem darüber im Klaren, dass er seiner Frau gegenüber auch negative Gefühle empfindet. Sich so sehr über die Partnerin zu ärgern, dass man heftig mit ihr streitet – diese Idee läge dann dem Träumenden bereits im Wachzustand näher. Unter Umständen erkennt er dies sogar bewusst als einen Gefühlszustand, in dem er sich von Zeit zu Zeit seiner Frau gegenüber schon befunden hat.
Mögliche Frage-Etappen, um den Traum zu verstehen:

- Wie waren die eigenen Gefühle im Traum?
- Wann und mit wem gab es das in meinem Alltag? Oder kenne ich das nur aus dem Fernsehen? Wann war ich selbst schon mal in einen Streit verwickelt oder Zeuge eines solchen Streits?
- Zentraler Punkt: Wie fühlte ich mich in solchen Situationen im Wachzustand?
- Ergänzend oder im Kontrast dazu: Welche Gefühle erlebte ich – verglichen mit meinen Erlebnissen im Alltag – im Traum? Wie ging es mir beim Streiten?
- Nach diesem Traum: Wie schätze ich meine Partnerschaft aktuell ein? Welche Sorgen oder Fragen zum Leben mit der Partnerin tauchen auf?

Der Traum mit seiner für den Träumer überraschenden Geschichte stellt eine Art Probehandeln dar, ist ein Gedankenspiel zur Überlegung: »Wie wäre es, wenn ich ihr mal so richtig deutlich sagen würde, was ich in dem Moment wirklich über sie denke?« Bei Tageslicht betrachtet: Wie wäre das?

Träume – historisch und persönlich

Als Kind fand ich Träume merkwürdig. Als Erstklässlerin etwa wachte ich öfter verängstigt auf. Denn recht häufig wurde im Traum meine Lehrerin, die ich sehr mochte, von unheimlichen Gestalten gekidnappt. Später als Jugendliche wunderte ich mich dann fasziniert: Da liefen in meinem Gehirn nachts skurrile Geschichten ab, aber ich kam einfach nicht darauf, was sie bedeuteten. Zu biblischen Zeiten, so erfuhr ich im Religionsunterricht, galten Träume als göttliche Botschaften. Bereits damals schien es Menschen gegeben zu haben, die Träume deuteten. Mit welcher Selbstverständlichkeit dort etwa die sieben fetten und die sieben mageren Kühe aus dem Traum des Pharaos als göttliche Handlungsanweisung verstanden wurden: die guten Jahre zu nutzen, um für die kargen vorzusorgen – das ist heute kaum mehr vorstellbar. Dass mich einmal wildfremde Menschen bitten würden, ihnen ihre Träume zu erklären – das hätte ich mir damals nicht träumen lassen.

Menschen kennen die Wucht der Träume schon lange, ebenso das Bedürfnis nach Erklärungen. Im Altertum fiel es in den Aufgabenbereich von Priestern und Seherinnen, dabei zu helfen, mit Träumen zurechtzukommen. Heute ordnen wir dieses Wissen vor allem Psychotherapeuten zu.

Warum das so ist, hängt damit zusammen, wie sich die Erforschung von Träumen in der jüngeren Vergangenheit, im Lauf des 20. Jahrhunderts bis heute abspielte. Es ist die Zeit, in der Psychologie und Psychotherapie als wissenschaftliche Fachgebiete entstanden.

Vordatiert auf das Jahr 1900 betrat Sigmund Freud mit seinem Buch »Die Traumdeutung« die Szene. Er beschäftigte sich mit Träumen, um den Ursachen seelischer Störungen und Schwierigkeiten auf den Grund zu kommen. So gelangte er zu seiner zentralen These: Träume sind der Zugang zum Verdrängten, der »Königsweg zum Unbewussten«, wie er es nannte. Anders gesagt, all die Aspekte, die wir an uns und unserer Umgebung nicht gern wahrhaben wollen und zur Seite schieben, tauchen dann nachts in unseren Träumen wieder auf. Diese werden in Freuds Theorie zum »Hüter des Schlafs«. In ihnen drücken sich unbewusste Wünsche aus, oft sexueller Natur, die der träumenden Person tagsüber zu unangenehm sind und die sie sich deshalb nicht einzugestehen wagt. Bereits mit seinen Zeitgenossen geriet Freud in lebhafte Auseinandersetzungen, denn einigen leuchtete die Deutung der »Träume als Wunscherfüllung« nicht ein. Freuds Argument: Ein innerer Zensor sorgt dafür, dass die verdrängten Wünsche für die träumende Person nicht unmittelbar verständlich sind. Freud betrachtet den Traum als das zentrale Werkzeug der psychoanalytischen Arbeit, um seelische Schwierigkeiten erstens zu diagnostizieren und schließlich aufzulösen. Leitgedanke ist: Die von unbewussten Trieben gesteuerte Person erkennt durch die bewusste Auseinandersetzung mit den eigenen Träumen die verdrängten Wünsche. Damit bringt sie sich in die Position, möglichst bewusst über das eigene Handeln zu entscheiden und so Konflikte aufzulösen.[7]

Freuds Theorie-Entwurf rückte das Thema Träume zweifellos in den Fokus der sich soeben entwickelnden psychotherapeutischen Arbeit. Mit seinem Werk hatte er das Thema als ernst zu nehmendes Studienobjekt platziert. Seine Thesen führten zu lebhaften, oft auch sehr kontroversen Auseinandersetzungen im noch jungen Fach der psychotherapeutischen Forschung.

Auch C. G. Jung, ursprünglich ein Schüler Freuds, der sich aber bald stark von seinem Lehrer abgrenzte, sieht die Träume als wesentlichen Zugang zum seelischen Befinden des Menschen und verwendet sie als zentrales Werkzeug, sowohl für die Entwicklung seiner Theorie als auch in der konkreten tiefenpsychologischen Arbeit.[8] Im Unterschied zu Freud betonte er als Erster den direkten Zusammenhang der Träume mit dem Erleben im Alltag. Aus Jungs Sicht drücken Träume unmittelbar einen Sachverhalt aus, der sich verstehen lässt. Dabei legt Jung den Fokus auf die Traumsymbole selbst. Es sind die Einfälle der träumenden Person zu den einzelnen Traumbildern, die den Inhalt des Traums verständlich werden lassen. Jungs Standpunkt: Es gibt keine Traumdeutung losgelöst von der konkreten Lebenssituation der träumenden Person. Ein Symbollexikon für Träume kommt daher nicht infrage. Nach Jung ist es nicht möglich, einen Traum für sich genommen zu verstehen oder unabhängig von der träumenden Person zu deuten.

Allerdings führt Jung durchaus zusätzliches Spezialwissen in Sachen Traumsymbolik ins Feld: die Idee des kollektiven Unbewussten. Allgemein menschliche Erfahrungen finden seiner Theorie nach ihren Niederschlag in Bildern oder Symbolen, die sogar kulturübergreifend verständlich sind. Interessanterweise nimmt er mit dem Gedanken vom Einfluss allgemein menschlicher Erfahrungen Annahmen vorweg, die Jahrzehnte später die Fachdisziplin der Evolutionspsychologie detaillierter untersucht. Sie vertritt die Auffassung, dass körperliche und geistige Entwicklungsschritte, die Teil der Menschheitsentwicklung sind, sich als stammesgeschichtliche Erinnerung auch in jedem einzelnen Menschen wiederfinden.

Wie Freud entwickelt auch Jung eine detaillierte Theorie zur psychischen Entwicklung des Menschen und den dabei auftretenden Störungen. Ein zentraler Begriff ist dabei die Individuation: Die menschliche Entwicklung zielt nach Jung darauf ab, sich zu einer eigenständigen Persönlichkeit zu entwickeln. Träume enthalten aus seiner Sicht daher oft auch Hinweise auf Entwicklungspotenziale. Ein erschreckender Traum kann unmittelbar auf erlittene psychische oder auch körperliche Verletzungen hinweisen, um die man sich noch kümmern muss. Er kann aber zum Beispiel auch als Warnung verstanden werden, dass sich die Person von sich selbst und dem, was ihr wirklich entspricht, gerade wegbewegt. Ein beflügelnder Traum wiederum kann Perspektiven aufzeigen. Im psychotherapeutischen Prozess nach Jung geben Träume wichtige Hinweise zur aktuellen psychischen Situation. Nicht zuletzt weil seine Theorie ein ähnlich ausgefeiltes komplexes Konzept darstellt wie das von Freud, erschließt sich das Vorgehen zu Träumen ebenfalls vor allem im Rahmen einer Psychotherapie.

1952 entdeckte Eugene Aserinsky durch Beobachtungen im Schlaflabor, dass während des Schlafs regelmäßig wiederkehrende schnelle Augenbewegungen erkennbar sind. Diese Entdeckung wurde zu einem Meilenstein in der experimentellen Schlaf- und Traumforschung.[9] Die

REM-Phasen des Schlafs (abgekürzt für Rapid Eye Movement), ließen sich Traumerlebnissen zuordnen. Damit wurde es möglich, Schläfer unmittelbar nach dem Auftreten solcher REM-Phasen zu wecken, um ihre Träume zu erfahren. Die Entwicklung des EEGs (Elektroenzephalogramm) erlaubte nun immer ausgefeiltere Versuchsanordnungen, um Fragen der Traumforschung gerade auch im Labor nachzugehen.[10] Die Neurowissenschaften betraten das Feld, auf der Suche nach Antworten, wie gedankliche Prozesse überhaupt ablaufen.

Die Experten waren zunächst verblüfft und ernüchtert. Sie erkannten, Menschen erinnern gar nicht alle Träume und träumen sehr viel häufiger, als sie meinen. Und Träume kommen in der Mehrzahl sehr viel banaler daher, als es in einer Sammlung von erinnerten Träumen den Anschein hat. Das führte sie zur Frage: Was sollen Träume also überhaupt bedeuten?

Dass Träume mit unserem Wachleben zusammenhängen, diese Position ist für die wissenschaftliche Forschung heute Konsens. Fachleute aus der psychotherapeutischen Praxis gelangen im beruflichen Alltag zur gleichen Einschätzung. Die knifflige Frage aber lautet: Wie sieht diese Verbindung aus? Die sich durch die Geschichte der Traumforschung hindurchziehenden Grundannahmen lassen sich in folgenden Vermutungen oder Hypothesen, wie man es in der Sprache der Forschung nennt, zusammenfassen: Die Kontinuitäts-Hypothese formuliert die Annahme, dass Träume Erlebtes aus dem wachen Alltag abbilden. Die Komplementär-Hypothese besagt, Träume ergänzen das, was an Erlebnissen tagsüber zu kurz gekommen ist.

Zu den zentralen menschlichen Wachstumsprozessen gehört die Entwicklung unserer Wahrnehmung und unseres Denkens. Diffuse Wahrnehmungen von hell und dunkel, von Geräuschen erleben wir bereits vor der Geburt. Danach, im Lauf des Heranwachsens, verfeinert und spezialisiert sich unsere Wahrnehmung. Mit dem Erwerb von Sprache lernen wir Worte für diese Empfindungen, die Begriffe ermöglichen es uns, immer genauer über das Erfahrene nachzudenken. Mit jeder Lernerfahrung und jeder Reizverarbeitung in unserem Gehirn verändern sich dessen Strukturen. Solche Prozesse, die sich selbst organisieren, theoretisch zu beschreiben, dies ermöglichte im Lauf des 20. Jahrhunderts die Systemtheorie mit ihren Erkenntnissen über nicht lineare, rückgekoppelte Vorgänge. Sie richtet den Blick auf die überall beobachtbaren sich selbst organisierenden Prozesse.[11] Augenfällig werden solche Vorgänge an zahllosen alltäglichen Beispielen, etwa wenn wir beobachten, wie aus einem kleinen Trieb in der Erde ein Blättchen hervorwächst, bis schließlich eine Pflanze vor uns steht; oder wenn wir nach einer Hautabschürfung zuschauen können, wie sich die blutende Wunde von selbst verschließt.

Vor diesem Hintergrund liegt es nahe, auch das Träumen als sich selbst organisierenden gedanklichen Prozess zu verstehen. Da wir vor allem während des Schlafens träumen und der Schlaf der Regeneration dient, ist Folgendes anzunehmen: Auch die nächtlichen Bilderphänomene dienen diesen Selbstorganisationsprozessen des Organismus. Im Lauf unseres Lebens spezialisieren wir uns einerseits immer mehr, werden in bestimmten Bereichen zu Experten; andererseits gewinnen wir auch stetig mehr Überblick über unseren Alltag. Mit dem Spracherwerb wird uns nicht nur das Nachdenken ermöglicht, sondern es gelingt auch, zu Erfahrungen Abstand zu nehmen, überlegter und gelassener zu reagieren. All diese Aktivitäten bilden sich auch in unseren Träumen ab, da sich in ihnen, während wir uns körperlich regenerieren, unsere Sinneseindrücke und Gedanken sammeln und ordnen.

Träumen bedeutet also eine Fortsetzung der gedanklichen Prozesse aus dem Wachleben. Das verweist auf die Kontinuitäts-Hypothese. Dazu kommt: Nachts gruppieren sich Gedanken und werden teils komplexer. Sie können auch bisher Übersehenes ins Zentrum rücken oder Schlussfolgerungen aus einer Sammlung von Gedanken liefern. Damit ergänzen sie Erkenntnisse aus dem Wachleben. Das wiederum knüpft an die Komplementär-Hypothese an.

Träume führen ihr nächtliches Eigenleben. Unabhängig davon, ob wir uns erinnern oder nicht, erfüllen sie ihre Funktion für den Organismus. Sich eingehend mit Träumen zu beschäftigen, erschien mir früher als ausgefallenes Spezialgebiet – mit Sicherheit sehr interessant für Menschen, die neugierig darauf sind, sich in einer psychoanalytischen oder tiefenpsychologischen Psychotherapie vertieft mit ihrem Innenleben auseinanderzusetzen. Aber als alltagspraktisches Wissen? Das konnte ich mir nicht vorstellen. Die Arbeit mit Träumen kam mir vielmehr wie eine schwierig zu erlernende Geheimwissenschaft vor. Für den praktischen Alltag und die konkrete Lebensbewältigung hingegen schien mir die Beschäftigung mit Träumen kaum von Bedeutung. Doch ich sollte mich irren.

Träume stellen oft vor Rätsel. Ein Rätsel, das Leute lösen wollen. Eine Psychotherapeutin weiß, wie das geht – das jedenfalls nahmen die Leserinnen und Leser der Beratungskolumne an, als sie an mich schrieben. In Personzentrierter Psychotherapie ausgebildet, hatte ich bisher mit Träumen allerdings nur im psychotherapeutischen Kontext zu tun.

Mit meinen eigenen Träumen hatte ich mich während meiner Lehrtherapie beschäftigt, in Weiterbildungen und Gruppen-Selbsterfahrungen Träume auch psychodramatisch in Szene gesetzt oder mich ihnen körpertherapeutisch genähert[12] – immer aber gab es einen psychotherapeutischen Zusammenhang. Wie sollte es da gelingen, einen einzelnen Traum einfach so zu verstehen und erklären?

Mit vielen einzelnen Träumen konfrontiert, die mir Leser schriftlich zusandten, reagierte ich als Psychotherapeutin, aber anders, als ich ursprünglich gedacht hatte. Hier ging es nicht darum, einen Traum in einem psychotherapeutischen Verlauf zu verstehen, sondern der Orientierung suchenden Person dabei zu helfen zu verstehen, warum sie genau das jetzt geträumt hatte. In der psychotherapeutischen Arbeit kommt es darauf an, möglichst genau zuzuhören, um zu verstehen und sich einzufühlen. Diese Vorgehensweise war mein Ausgangspunkt. Welche Geschichte genau erzählen die Bilder und was ergänzen die Worte? Gibt es zusätzliche Informationen der Person, die geträumt hat? Sieht sie einen möglichen Zusammenhang mit ihrem Alltag? Wenn nicht, kommt es noch mehr auf die Sprache des Traums an. Was erzählt die Geschichte der träumenden Person? Genaues Zuhören ist nicht auf Psychotherapie beschränkt. Jeder kann es und jeder kann sich selbst zuhören. Träume schildern höchst persönliche gedankliche Vorgänge während des Schlafs. Um sie zu verstehen gilt es, die eigenen Bilder und die eigene Wortwahl daraufhin anzuschauen, welches persönliche Wissen über die Welt sie ausdrücken.

Zurückgeworfen auf die Sprache des Traums beschäftigte ich mich immer intensiver mit der Art, wie eine Geschichte erzählt wird. Da sind zum einen die Bilder des Traums und

die Worte, die in ihm gesprochen werden. Und da sind zum anderen die Formulierungen und die Sprachbilder, mit denen der Traum nacherzählt wird.
Was tagsüber bleibt, sind die Traumberichte. Die Hauptperson fasst dieses nächtliche Erlebnis in Worte. Die Traumgeschichte selbst spielt sich jedoch in der Regel als Bilderfolge ab. Diese Bilder sind Abbildungen von Erfahrungen aus der eigenen Lebens- und Entwicklungsgeschichte. Sie stellen in nichtsprachlicher Form ein Konzentrat dar. Konzentriert im Bild zusammengefasst sind Erlebnisse und Einordnungsprozesse, die die träumende Person im Lauf der eigenen Entwicklung gelernt hat. In jedem von uns gibt es daher eine Form von Bilderalphabet der persönlichen Lebenserfahrungen und des eigenen Wissens über die Welt. Träume funktionieren mit diesem Bilderalphabet. Das Nachdenken über die Welt erfolgt über die Sprache. Sich einen Traum zu erzählen, ist der Beginn, über dieses nächtliche Erlebnis nachzudenken und es einzuordnen.

Träume selbst erschließen

Wenn Sie Ihren Traum genauer verstehen wollen, gilt es, sich den ganz persönlichen Fundus an Impressionen, Ihren ureigenen Erfahrungsschatz, zunutze zu machen. Ihr Traum ist eine Momentaufnahme des ständigen Lern- und Veränderungsprozesses, den wir Leben nennen. Damit gibt es keine objektiv richtige Deutung von außen. Wirklich zu verstehen ist der Traum letztlich nur für Sie. Da sich die Sprache intensiver Träume aber leider oft eher als unverständliche Geschichte präsentiert, benötigen wir ein paar

Anhaltspunkte. Einige Aspekte des Traums springen jeweils ins Auge: ein dominantes Bild, wie etwa ein Fahrzeug, ein herausragendes Erlebnis, wie eine Verfolgungsjagd oder ein Sturz ins Bodenlose. Solche markanten Merkmale scheinen sich anzubieten, dass man dafür zu einem Lexikon der Traumsymbole greift, um eine passende Übersetzung zu finden.

Das Problem dabei ist allerdings: In einem solchen Lexikon ist nicht aufgelistet, was Sie zu diesem besonderen Aspekt Ihres Traumes erlebt haben. Mit großer Wahrscheinlichkeit führen diese Ideen Sie sogar eher noch weiter weg von dem, was der Traum für Sie persönlich bedeutet.

Den Zugang zu Ihren Träumen ermöglichen die Vorkommnisse, die Sie aktuell bewegen, Ihre Erfahrungen und nicht zuletzt Ihre persönliche Sprache, mit der Sie die Erlebnisse fassen. Indem Sie auf Ihre Einfälle zugreifen, lassen Sie selbst das Gefüge transparent werden, wie sich Ihre Traumeindrücke ordnen und dann schließlich einen Sinn ergeben.

Betrachten Sie die Bestandteile eines Traums wie die Bestandteile einer Zeichensprache, zum Beispiel derjenigen, die zur Verkehrsregelung dient. Der Straßenverkehr findet mithilfe von Zeichen und Spielregeln statt: Schilder mit verschiedenfarbigen Flächen, farbige Lampen, Regeln wie rechts vor links, aber auch beschriftete Tafeln oder winkendes Verkehrspersonal sind zu beachten, um sich zurechtzufinden. Da wir in unserer Erinnerung abgespeichert haben, was die einzelnen Hinweise bedeuten, gelingt es, sich den eigenen Weg durch den Verkehrsdschungel zu bahnen.

Auch Musiknoten sind eine Zeichensprache. Die Abfolge und Anordnung dieser Punkte und Linien teilt dem musikalisch Kundigen mit, welche Melodie nun zu hören sein wird. Der Ton a wird unterschiedlich klingen, je nach seinem Umfeld, in dem er angespielt wird. Ob das a bei »Alle meine Entchen«, bei einer Symphonie in a-Moll oder während einer Jazz-Improvisation erklingt – es ist die Kombination der Töne, die ganz unterschiedliche Stimmungen bei den Zuhörenden erzeugt. Der Kontext, in dem das einzelne Zeichen steht, entscheidet, welche Auswirkungen es schließlich auf das Gesamtereignis haben wird.

Zurück zum Traum: Bilder, die darin auftauchen, sind das eine. Welches Zusammenspiel verschiedener Aspekte es braucht, damit der Zusammenhang transparent wird, darum geht es nun. Es sind Ihre Ideen, Ihre Zuschreibungen, die zählen. Entscheidend für das Verständnis Ihres Traums sind nur diejenigen Aspekte, zum Beispiel einzelne Eigenschaften von Personen oder Dingen, die Sie – nach sorgfältigem Überlegen oder aufgrund eines spontanen Einfalls – für wesentlich halten. Ausschlaggebend sind nicht zuletzt auch Ihre Gefühle, die dabei wach werden.

Warum das so zentral ist, lässt sich an folgendem Beispiel zeigen. Nehmen wir an, Sie sind soeben aufgewacht und wissen gerade noch, dass Sie im Traum in einem See beim Schwimmen waren. Ihr Traum hat also aus Ihrem Erinnerungsvorrat ein Bild vom Schwimmen gewählt, um damit ein Thema auf den Punkt zu bringen, das Sie im Alltag gerade beschäftigt. Nehmen wir weiter an, Ihr Alltag läuft gerade unspektakulär, es gibt keine besonderen Vorkommnisse. Sie waren auch nicht schwimmen. Deshalb ist für Sie auch kein Tageserlebnis im Vordergrund oder ein sonstiges Thema, an dem Sie gerade herumtüfteln. Es liegt nichts Offensichtliches vor, wie etwa »gestern war ich im See schwimmen und habe mich dabei über die vielen Entenfedern auf dem Wasser gewundert«. Oder im übertragenen Sinn: »Ja, in dieser Angelegenheit bin ich gerade ›am Schwimmen‹«– wie wir es bildhaft bezeichnen, wenn wir noch keine Orientierung haben und uns der Boden unter den Füßen verloren gegangen ist. Eine wortwörtliche Übersetzung hilft im Moment also auch nicht weiter.

Welches Thema Ihr Traum in den Vordergrund rückt, ist also noch unklar. Alles, was Sie gerade wissen, ist, dass Sie das Bild vom Schwimmen im See erinnern. Von den vielen Eindrücken des Tages, die für Sie gerade eine Rolle spielen, geht es um einen Sachverhalt, der etwas damit zu tun hat, was Sie mit Ihrem persönlichen Erfahrungshintergrund mit »Schwimmen« in Zusammenhang bringen. Daher gilt es nun herauszufinden, welche Aspekte Sie damit verbinden. Ihre Einfälle dazu, die Ihr persönliches Bild vom Schwimmen skizzieren, veranschaulichen, worum es Ihnen bei einer bestimmten Angelegenheit im Alltag gerade geht. Sie brauchen also eine kleine Tour durch Ihren persönlichen Erinnerungsfundus, um herauszufinden, was Sie im Traum darauf brachte, dass das Bild vom Schwimmen im See geeignet ist, Ihr aktuelles Erleben zusammenzufassen.

Sammeln Sie Ihre Einfälle. Nur Sie wissen, wie Sie es erlebten, als Sie damals schwimmen lernten. Oder wie es für Sie war, als Sie in der Badewanne lagen und entdeckten, wie der Körper im Wasser schwebt. Sie wissen, ob Sie zu den Kindern gehörten, die mit Schwimmflügeln am Rand des Beckens standen, oder ob Sie das Schwimmen nie systematisch erlernten. Ob Sie es gar nicht erwarten konnten, ins Wasser zu kommen oder ob Sie zu denjenigen zählten, die bei den Worten »schwimmen gehen« vor allem das Frieren im nassen Badeanzug assoziierten, oder ob der Kopfsprung ins Wasser für Sie mit zum größten Glück gehörte –

kurzum, nur Sie können spüren, was Schwimmen für Sie bedeutet, ob Sie es lustvoll betreiben oder immer mit einer gewissen Skepsis und lieber den anderen dabei zuschauen. Und welche Worte Sie dafür wählen, um in Ihren Erlebnissen zu schwelgen oder den Kern Ihrer Erfahrungen auf den Punkt zu bringen – auch solche Elemente sind der Stoff, aus dem Ihre Träume sind. Und wenn Sie eine erste Idee dazu haben, warten Sie erst mal ein wenig ab. Stellen Sie sich vor, dass sich soeben in Ihnen neue Erkenntnisse ordnen. Während die Eindrücke noch durcheinanderwirbeln, wäre es vergeudete Energie, bereits auf ein Ergebnis sehen zu wollen. Warten Sie ab, welches Muster sichtbar wird.

Die Landkarte der Träume

Inzwischen haben Sie vor Augen, wer Ihren Traum entschlüsseln kann: Sie selbst! Denn Sie sind die träumende Person, auf Ihre Einfälle kommt es an. Lassen Sie sich also nicht entmutigen, wenn Ihre Träume Ihnen zunächst ein Rätsel sind. Denn sie sind jeweils nur ein kleiner Ausschnitt aus einer viel umfassenderen Menge von Bildern, sinnlichen Eindrücken und Gedanken, die in Ihnen arbeiten. Wie der für Sie sinngebende Zusammenhang aussieht, das können Sie sich Schritt für Schritt erschließen. Zeitweise durchstreifen wir die farbigsten Traumlandschaften – nach dem Aufwachen helfen diese Orientierungspunkte der Traum-Landkarte, Markierungen und Zusammenhänge hervortreten zu lassen.

LANDKARTE DER TRÄUME

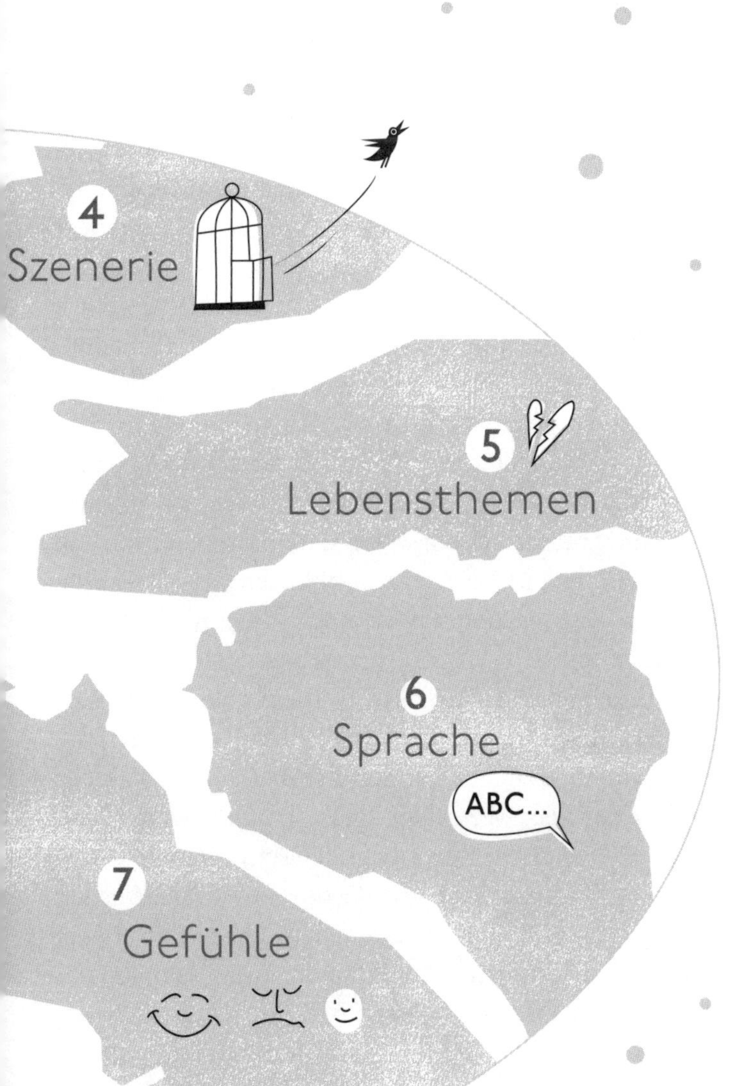
4
Szenerie
5
Lebensthemen
6
Sprache
ABC...
7
Gefühle

7 Orientierungspunkte

Da Sie allein die beurteilende Instanz sind, zählen auch nur diejenigen Aspekte, die Sie persönlich als bedeutsam empfinden. Um diese geht es nun vorrangig. Anregungen von anderen zählen dann, wenn Sie sich von diesen Ideen angesprochen fühlen und dadurch zum Weiterdenken angeregt werden. Eine freundlich zugewandte Person, die offen ist für Ihre Bilder, kann durchaus helfen, Zusammenhänge sichtbar werden zu lassen. Doch sie kann, bei allem Einfühlungsvermögen, Ihre Erfahrungen und Ihre Lebenssituation nie so genau kennen wie Sie selbst. Daher gilt: Geben Sie sich zuallererst selbst Zeit und Raum, damit sich Ihre Ideen zu einem klaren Bild gruppieren können.

Auch wenn Träume schnörkellos daherkommen, nur ein Bild oder ein Satz in Erinnerung geblieben ist – schnurgerade ist der Zugang deshalb oft noch lange nicht. Vergegenwärtigen Sie sich das und betrachten Sie Ihre Überlegungen dazu wie ein Improvisationstheater von Gedanken und Bildern. Die Orientierungspunkte und Leitfragen stellen eine Sammlung möglicher Schritte dar, die frei wählbar sind. Was für das Verstehen Ihres Traums wichtig ist, erkennen Sie, wenn Sie Ihre Gedanken schweifen lassen. Je nach Art des Traums wird sich Bestimmtes in den Vordergrund schieben und damit werden vielleicht nur zwei oder drei der hier aufgeführten Aspekte notwendig sein, um das Wesentliche zu erfassen. Lassen Sie Ihre Gedanken frei wandern und geben Sie sich innerlich Raum, damit sich die verschiedenen Facetten des Traums ganz allmählich ordnen können.

Orientierungspunkte auf der Traum-Landkarte

Der Traumbericht Erzählen Sie sich Ihren Traum und halten Sie Ihre ersten Einfälle fest: Was kommt Ihnen zuerst in den Sinn? Was beschäftigt Sie am meisten? Sammeln Sie alles, was in Ihnen auftaucht.

Der Blick von außen Hier wechseln Sie bewusst die Perspektive. Nun sind Sie im Wachzustand und registrieren bewusst, was Ihre Sinne melden: das Sitzen auf der Bettkante, die Füße auf dem Boden, das Wasser auf dem Gesicht später im Bad, den Geruch des Kaffees, den Geschmack auf der Zunge. Entwickeln Sie Ihren persönlichen Realitäts-Check, um das wache Ich vom Traum-Ich zu unterscheiden.

Aktuelle Alltagserlebnisse Vergegenwärtigen Sie sich, was Ihnen dazu spontan in den Sinn kommt.

Die Szenerie Wer oder was fällt im Traum besonders auf – ist das eine bestimmte Person/Figur, ein spezielles Tier oder ein besonderer Gegenstand? Gibt es Merkwürdigkeiten, die Ihnen erst beim Erwachen auffallen? An welche Einschätzungen aus dem Alltag werden Sie dadurch erinnert? Woher ist Ihnen das (vage) bekannt, was den Traum besonders auffällig macht?

Gegenwärtige Lebensthemen Welche grundlegenden Themen oder Fragen beschäftigen Sie schon seit Längerem? Stehen große Entscheidungen an? Wie ist der Stand der Dinge dazu?

Spiel mit der Sprache Beobachten Sie aufmerksam, mit welchen Worten Sie Ihr Traumerlebnis schildern. Wie beschreiben Sie die Vorgänge? Erlauben Sie sich auch, mit den Wörtern und Wortbildern zu jonglieren, die die Traumbilder nahelegen. Welche Redewendungen kommen Ihnen dabei in den Sinn? Spielen vielleicht auch Ausdrücke eine Rolle, die in der Familie, im Freundeskreis oder in der Partnerschaft geflügelte Worte oder ein Code sind, das heißt Ihre Privatsprache oder sogenannte »Insider«?

Gefühle Was fühlten Sie im Traum? Wie sind Ihre Gefühle nun nach dem Aufwachen? Welche aktuellen begleiten Sie gerade im Alltag? Verdeutlichen Sie sich Ihre Gefühle zu persönlichen Erinnerungen, die der Traum wachgerufen hat, und zu Ihren Einschätzungen von früher? Was ist gleich geblieben, was ist neu? Gestatten Sie sich, unzensiert zu denken, was Ihnen gerade in den Sinn kommt. Und lassen Sie Ihren Wörtern und Sätzen Zeit, ein bisschen hin und her zu wirbeln. Sie werden sehen, es ergibt sich allmählich ein Muster.

Je nach Traum werden Ihnen als Erstes ganz unterschiedliche Gedanken in den Sinn kommen. Bei dem einen Erlebnis stehen vielleicht die wuchtigen Gefühle im Vordergrund, beim anderen ein ganz eigenartiges Detail, das alles dominierte, bei einem anderen wiederum tauchen Personen auf, mit denen Sie seit Langem nichts zu tun hatten. Die Reihenfolge der Orientierungspunkte ist daher variabel. Nutzen Sie unterschiedliche Einstiegspunkte für Ihren Traum. Lassen Sie sich von Ihren eigenen Einfällen leiten, dann vom Blick auf die Orientierungspunkte anregen und wählen Sie den jeweils passenden Punkt als Auftakt für Ihren persönlichen Zugang.

Der Traumbericht

Unsere Träume verflüchtigen sich nach dem Aufwachen meist so rasch wie der berühmte Nebel in der Sonne. Wollen Sie das verhindern, nutzen Sie Papier und Bleistift, um das Erlebte festzuhalten. Auch wenn ein Traum Sie noch im Griff hat, dient das Aufschreiben dazu, gedanklich wieder frei zu werden. In mehreren Etappen, die Sie frei wählen können, nähern Sie sich dem Zusammenhang, in dem der Traum zu sehen ist.
Den Traum einfach anschauen, spielerisch hin- und herwenden, den Blick zwischendurch auch ziellos schweifen lassen – so spinnen Sie den Gedankenfaden im Wachen weiter. Und Sie gewinnen zu den nächtlichen Ereignissen, die da einfach so hereingeschneit sind, etwas Distanz, indem Sie sie in Worte fassen. Mit diesem einfachen Vorgehen wechseln Sie Ihre Position: Sie sind nicht mehr mitten im Traumgeschehen, sondern nutzen die Sprache als Instrument, um das Erlebte genauer anzuschauen und neue Sichtweisen zu gewinnen.
Mit einem »Traum-Buch« kommen Sie diesen Erlebnissen näher:

- **Legen Sie Papier und Stift in Reichweite** Am besten direkt neben Ihr Bett. Oder Sie benutzen – falls Sie damit niemanden beim Schlafen stören – ein Sprachaufzeichnungsgerät, um Ihre Traumerinnerung festzuhalten.

- **Aufzeichnen nach dem Aufwachen** Beschäftigen Sie sich nach Möglichkeit direkt während des Aufwachens mit dem Aufschreiben oder Aufnehmen der Träume, denen Sie im Wachzustand noch weiter nachgehen wollen. Denn gerade weil sich die Traumbilder so rasch verflüchtigen, gelingt es umso besser, interessante Details zu erfassen, solange Sie dem Traumgeschehen noch sehr nah sind.
- **Mut zum eigenen Erzählstil** Erzählen Sie einfach so, wie es Ihnen in den Sinn kommt. Nehmen Sie die Ausdrücke und Formulierungen, die Ihnen als Erstes einfallen. Gestatten Sie sich, unlogisch und sprunghaft zu berichten.
- **Platz lassen** Falls Sie Ihre Träume schriftlich festhalten, empfiehlt es sich, an der Seite einen breiten Rand freizulassen. Das gibt Ihnen die Möglichkeit, später ganz einfach zusätzliche Informationen und Einfälle dort anzufügen, wo diese hingehören. So erleichtern Sie es sich, spontan zu schreiben und später dann Zusammenhänge zu erkennen.
- **Zusätzliche Beobachtungen und Ideen notieren** Der freie Platz am Rand vereinfacht es auch, komplizierte und vielschichtige Details in einem weiteren Durchgang zusätzlich zu erwähnen. Es lohnt sich, auch diese Einfälle aufzuzeichnen, die im Fluss des ersten Traumberichts sonst zu umständlich unterzubringen wären oder Ihnen erst später, im Lauf des Berichts noch in den Sinn kommen. Denn auch wenn Sie überzeugt sind, dass Sie sich auf jeden Fall daran erinnern wer-

den, meist sind die interessanten Details nur wenig später weg und nicht mehr zu rekonstruieren. Das ist selbstverständlich kein Drama, aber dabei können Nuancen verloren gehen, um die es zuweilen wirklich schade ist. Überprüfen Sie es selbst, indem Sie einen spannenden Traum mit allen skurrilen und unlogischen Details notieren und dann zur Seite legen. Wenn Sie ihn nur ein paar Stunden später wieder anschauen, werden Sie verblüfft sein, welche Einzelheiten davon Sie bereits wieder vergessen hatten.

- **Auffällige Aspekte genau beschreiben** Von Vorteil ist es auch, beim Notieren des Traumablaufs unlogische, bizarre Einzelheiten detailliert zu erläutern. Denn auch diese Facetten, so prägnant man sie beim Aufwachen noch erinnert, weil sie so besonders waren, sind danach ebenso rasch vergessen. Die Mühe lohnt sich, da sich daraus oft Anhaltspunkte fürs Verstehen ergeben. Zu den Eigenheiten der Träume gehört es, dass manchmal eine andere Logik herrscht, etwa dass Dinge, die wir erleben, gleichzeitig an unterschiedlichen Orten stattfinden. Das allein erstaunt uns, insbesondere während des Traums, gar nicht. Auch tagsüber durchlaufen wir einen solchen Vorgang häufig, wenn wir zum Beispiel einer Hausarbeit oder handwerklichen Aktivität nachgehen und dabei eine Live-Reportage auf einem Bildschirm oder akustisch verfolgen. Gedanklich sind wir dann mindestens an zwei Orten. Durchaus typisch für einen Traum aber ist, dass auch die träumende Person in beiden Ereignissen, die gerade parallel stattfinden, gleichzeitig und an beiden Orten als teilnehmende und handelnde Person aktiv ist.

- **So rasch wie möglich notieren** Je mehr Zeit nach dem Aufwachen verstreicht, desto mehr kommt beim Erzählen des Traums die Logik des Alltags und Wachbewusstseins zum Zug, was bedeutet, dass traumtypische Details verloren gehen. Es kann daher in mehrfacher Hinsicht ergiebig sein, wenn Sie den Traum genauer anschauen wollen, sich solche Notizen möglichst schnell zu machen.

Indem Sie Ihren Traum in Worte fassen, setzen Sie unwillkürlich Akzente, die später das Verstehen vereinfachen. Ob Sie beim Reisen am Wegfahren oder am Heimkehren sind, ob man eine Traumfigur vom Fahndungsplakat kennt oder ob diese zur Fahndung ausgeschrieben ist, ob Sie den Weg nicht kennen, aber ein Ziel haben oder auf verschiedenen Wegen umherirren und nicht wissen, wohin – es sind ganz unterschiedliche Sachverhalte, die solche Formulierungen einfangen. Indem Sie sich einfach mal erzählen lassen, bringen Sie erste Schraffuren an, aus denen mit der Zeit Linien auf der Landkarte zum Verstehen ihrer Träume entstehen werden.

Folgendes Beispiel soll dieses Vorgehen illustrieren: Eine 50-jährige Frau wacht erschreckt mit folgendem Traumbild auf: Ihre weit entfernt lebende gute Freundin Lea, mit der sie aber kaum noch Kontakt hat, sitzt tief niedergeschlagen da und blickt traurig vor sich hin. Ihre Traumnotizen könnten so aussehen:

TRAUM

Lea sitzt total traurig da, richtig gelähmt kommt sie mir vor und starrt reglos vor sich hin. Wie es ihr wohl in Australien geht? Ich habe ewig nichts mehr von ihr gehört. Meine Güte, was ist sie für ein Bild des Jammers. Der Schreck sitzt mir richtig in den Knochen, wenn ich mir vorstelle, dass es ihr so miserabel gehen könnte, wie ich sie im Traum gesehen habe.

Der Blick von außen

Dieser Orientierungspunkt ist in verschiedener Hinsicht hilfreich. Abstand hilft, Dinge in Proportion zu sehen. Durch einen Perspektivenwechsel lassen sich noch weitere Seiten entdecken. Und nicht zuletzt ermöglicht der Ausstieg aus der Welt des Traums, gerade auch, wenn er angsterregend war, wieder Boden unter den Füßen zu gewinnen.

Vielleicht wenden Sie nun ein, dass Ihnen morgens ja gar keine andere Wahl bleibt, weil Sie aufstehen müssen und die Anforderungen des Alltags bereits auf Sie warten. Natürlich ist das so. Dennoch verändern Sie Ihre Lage, wenn Sie den Einstieg in den Tag möglichst bewusst bewerkstelligen. Etwa ganz tief durchzuatmen und sich darüber zu freuen, dass Sie nun, bei Tageslicht betrachtet, Abstand zwischen sich und das Traumgeschehen legen können und frei sind, sich damit zu befassen. Erst einmal, indem Sie feststellen: »Aha, ich bin aufgewacht. Was genau ist eigentlich mit mir im Traum passiert? Und wie geht es mir jetzt nach dem Aufwachen?« Diese Zeit einzuräumen, lohnt sich. Denn erfahrungsgemäß kostet es viel Energie, wenn man gedanklich im Traum hängen bleibt und ihn

während des ganzen Tages mit sich schleppt. Diesen Vorgang, sich wieder in der Alltagsrealität zu verankern, können Sie unterstützen, indem Sie Ihre Sinneswahrnehmungen besonders aufmerksam registrieren: spüren, was Ihre Hände gerade berühren, wie sich das Wasser beim Duschen auf Ihrer Haut anfühlt oder was Sie sehen und riechen, wenn Sie vor die Haustüre treten. Mit diesem bewussten Vorgehen verschaffen Sie sich wieder Boden unter den Füßen.
Gestatten Sie sich auch in dieser Etappe Ihren ganz persönlichen Zugang. Sie brauchen sich keineswegs sofort um den Traum zu kümmern. Zuallererst geht es um Sie! Auch das ist eine Form, Distanz zu gewinnen. Was bringt Sie fürs Erste wieder in die Balance? Was vereinfacht Ihnen den Start in den Tag? Wenn Sie sich darum kümmern, sogar wenn das nur behelfsmäßig im Sinn einer Ersten Hilfe möglich ist, sammeln Sie erstens Kraft und zweitens beruhigen Sie sich bereits etwas. So stärken Sie Ihre Fähigkeit, sich mit den einzelnen Aspekten des Traums zu beschäftigen, dann, wenn Sie dafür Zeit und Raum haben.

Lea-Traum Die Träumerin merkt, wie sehr das Leid der Freundin sie getroffen hat. Sie ist aufgewühlt und stark beunruhigt. Der Traum lässt sie nicht in Ruhe. Indem sie sich den eigenen Zustand, in den sie sich durch den Traum versetzt fühlt, vergegenwärtigt, tritt sie einen Schritt zurück und betrachtet ihre eigene Verfassung. Dabei tritt klar zutage: Es ist kein guter Zustand, so sehr beunruhigt zu sein. Darum wird sie sich kümmern.

Wenn Sie Zeit und Muße haben, Ihren Traum anzuschauen, dann wählen Sie sich einen angenehmen Platz, an dem Sie

Ihren Gedanken ungestört nachgehen können. Auch wenn das selbstverständlich klingen mag, von einem Platz aus, an dem Sie sich wohlfühlen, lassen sich auch unbehagliche Dinge leichter durchdenken. Und es hilft dabei, sich zu sammeln und wieder ins Gleichgewicht zu finden, wenn ein Traum Sie aus der Ruhe gebracht hat.

Bereits mit dem Aufwachen beginnen Sie, die Außenperspektive einzunehmen. Sie steigen aus dem nächtlichen Gedankensortieren, dem Traum, aus und gehen wieder auf die Alltagsebene. Auch gedanklich wechseln Sie die Ebene: Nachts während des Schlafs ordnen sich Vorgänge ohne Ihr bewusstes Zutun. (Etwas anders läuft es beim Klarträumen, siehe Seite 167ff.) Wieder erwacht, schalten Sie Ihre Fähigkeit zum bewussten Überlegen hinzu. Etwa, indem Sie sich Ihr Wissen über Träume zunutze machen und sich sagen: »Hoppla, bei welchen gruseligen Schlussfolgerungen sind meine nächtlichen Gedanken denn da gelandet? Weshalb entwirft die Reizverarbeitung in meinem Gehirn solch Panik-Szenen?«

Sie nutzen also Ihr abstraktes Wissen über Gehirnvorgänge, um sich erst einmal zu beruhigen. Was ist der Vorteil eines solchen Positionswechsels? Vielleicht haben Sie schon einmal die Erfahrung gemacht, dass die Probleme anderer immer viel einfacher zu lösen sind als die eigenen. Zentral hat das damit zu tun, dass man nicht selbst mitten in dem Problem steckt, sondern einen Blick von außen darauf werfen und so die Ansatzpunkte leichter erkennen kann. Wenn Sie daher aktiv die Außensicht einnehmen, vereinfachen Sie es sich, einen Zugang zu finden. Bei einem Albtraum etwa können Sie sich vergegenwärtigen: »Ich bin aus diesem schrecklichen Traum wieder erwacht. Was für ein Glück! Jetzt muss ich erst einmal verschnaufen.

Später kümmere ich mich darum, was mich eigentlich so erschreckt hat. Dafür werde ich mir Zeit geben, aber verspreche mir auch, diese aufwühlende Angelegenheit zu lösen.«
Beachten Sie dabei solche Faktoren wie: Was verhilft nun zu einem besseren Start in den Tag, nachdem der Albtraum ihm schon Bleigewichte angehängt hat? Sich sorgsam an die Hand zu nehmen und freundlich quasi psychische Erste Hilfe zu leisten hilft Kräfte zu sammeln, auch fürs spätere Verstehen.

Mit etwas Abstand und geschärftem Blick wird allmählich erkennbar, was tagsüber möglicherweise aus dem Raster der Wahrnehmungen herausgefallen war. Da wir nie alles, was auf uns einströmt, bewusst registrieren, ist es überhaupt nichts Besonderes, Dinge zu übersehen Und es ist auch nichts, was Sie grundsätzlich beunruhigen sollte. Es bleiben immer Wahrnehmungen außerhalb unserer bewussten Denkvorgänge. Das ist normal. Wenn uns ein Traum jedoch denkwürdig erscheint, dann ist zu vermuten, dass er unsere bisherigen Annahmen über uns selbst und die Welt ergänzt.
Außerdem kann es – gerade um Distanz zu gewinnen – sehr hilfreich sein, die Sicht einer weiteren Person in die eigenen Überlegungen miteinzubeziehen. Erstens hat diese Person naturgemäß schon Abstand zum Geschehen. Zweitens wird ihr Blickwinkel ohnehin immer ein anderer sein als der eigene.
Das lässt sich zunutze machen. Nicht zuletzt auch aufgrund der Tatsache, dass ein weiterer Betrachter einen zusätzlichen Erfahrungshintergrund, eigene Wertvorstellungen und einen etwas anderen Blick auf die Welt mit-

bringt. Das ist hier ebenfalls von Vorteil. Sie erinnern sich: Nächtliche Träume dienen dem Verarbeiten von Eindrücken, zu denen auch ganz neue, bisher unbekannte Aspekte hinzugekommen sein können. Das erfordert eine konstante Überprüfung bisheriger Sichtweisen. Handelt es sich nur um Nuancen, dann fällt das leicht, weil es sich im üblichen Rahmen bewegt. In zumindest zwei Fällen jedoch wird es anspruchsvoller: Erstens, wenn eine Information stark vom bisher Bekannten abweicht, dann neigen wir dazu, sie entweder gar nicht bewusst wahrzunehmen oder sehr rasch wieder zu vergessen. Zweitens ermöglichen neue Informationen auch, dass plötzlich aus dem bisher Vorhandenen ein ganz neues Bild entsteht. Auch diesen neuen Umstand zu sehen, muss man erst einmal lernen. So kann ein Sachverhalt auf einmal in einem ganz anderen Licht erscheinen oder ein Ablauf wird plötzlich logisch, der zuvor wie ein zusammenhangloses Sammelsurium erschien. Genau das kann Träume zu einem wertvollen Instrumentarium machen, mit deren Hilfe man die Sicht auf die Welt vertieft und ergänzt. Mit dem Blick von außen, den Sie entweder alleine oder auch zusammen mit einer freundlich zugewandten Person einnehmen, lässt sich die Perspektive erweitern.

Lea-Traum Was ergab sich, mit etwas Abstand, für die Träumerin des Lea-Traums? Sie hat sich spontan große Sorgen um ihre Freundin gemacht und sogar überlegt, sich deshalb direkt bei ihr zu melden. Aber die Vorstellung, jetzt aus heiterem Himmel einfach bei ihr anzufragen, ob alles okay sei, erscheint ihr etwas seltsam und nicht passend, gerade weil sie schon länger keinen Kontakt mehr hatten. Der Traum aber lässt ihr keine Ruhe und begleitet sie tagelang. Vielleicht ist doch etwas mit der Freundin passiert? Was, wenn ihr es schlecht ginge? Aber sie ist unschlüssig und weiß nicht, was sie tun soll. Also wartet sie erst einmal ab.

Aktuelle Alltagserlebnisse

Dieser Punkt ist oft gar nicht so einfach. Denn der Alltag hat es ja an sich, von Abläufen bestimmt zu sein, die uns bekannt und vertraut sind, und steht damit im Gegensatz zu einem denkwürdigen Traum, der aus dem üblichen Rahmen fällt. Wie lässt sich da ein Zusammenhang herstellen, der eben ganz offensichtlich nicht auf der Hand liegt? Sich Gedanken zum eigenen Alltag zu machen, ist daher oft eine etwas mühsame Angelegenheit, die wenig Erfolg versprechend zu sein scheint. Man erkennt den sprichwörtlichen Wald manchmal nicht, weil man inmitten der Bäume steht. Hier gilt es, Nerven zu bewahren! Sie brauchen vor allem Zeit, damit sich die Zusammenhänge zeigen können. Hilfreich ist auch hier, beim Naheliegenden zu beginnen, sich einfach mal selbst zu erzählen, was den aktuellen Alltag gerade so ausmacht – auch wenn man sich dabei gelangweilt oder genervt fühlt. Aus welchen Elementen besteht Ihr Alltag gerade? Wie nehmen Sie ihn zurzeit wahr? Gibt es Besonderheiten, die spezielle Aufmerksamkeit erfordern? Oder beschäftigt Sie vielleicht gerade der Umstand, dass alles zu gleichförmig läuft und Sie nichts besonders fesselt? Wie ist der Stand der Dinge im Alltag? Vergegenwärtigen Sie sich, ob Ihnen zu Ihrem Traum Stimmungen und Erlebnisse aus Ihrem Alltag in den Sinn kommen. Oder besticht der Traum gerade dadurch, dass er mit dem aktuellen Tagesgeschehen überhaupt nichts zu tun

hat? Notieren Sie sich Ihre Gedanken einfach so, wie sie Ihnen in den Sinn kommen.
Bietet die Geschichte aus dem Traum weder vom Thema noch von den Personen her Anknüpfungspunkte zu Ihrem Alltag, dann sammeln Sie unabhängig vom Traum, welche Themen, Termine, Menschen derzeit in Ihrem täglichen Leben für Sie von großem Interesse oder besonderer Bedeutung sind. Lassen Sie sich dabei einfach vom Fluss Ihrer Gedanken leiten. Sie werden sehen, Ihre Einfälle haben – wie Ihre Träume – eine eigene Logik, die sich Schritt für Schritt erschließt.

Lea-Traum Der Träumerin, die von ihrer tieftraurigen Freundin Lea geträumt hat, kommt zu ihrer aktuellen Situation Folgendes in den Sinn: Sie macht sich gerade große Sorgen um ihre 21-jährige Tochter. Diese war am Tag, bevor sich der Traum ereignete, von ihrem Studienort für einen kurzen Besuch bei den Eltern angereist und hatte sie mit vollendeten Tatsachen konfrontiert und schockiert. Sie hatte soeben ihr Studium aufgegeben, um als Bildhauerin tätig zu werden. Die Mutter sieht schwarz für die Zukunft ihrer Tochter, nicht aus künstlerischen Gründen, sondern weil sie diese als recht unbegabt in lebenspraktischen Dingen kennt. Beunruhigt ist sie auch, weil ihre Tochter über wenig Durchsetzungsvermögen verfügt – das könnte ein dorniger Weg werden, fand sie. Sie hatte zwar intensiv mit ihr über die neue Berufswahl diskutiert, war aber entschlossen, ihre Entscheidung zu respektieren.
Die belastende Nachricht, die ihren Alltag bestimmt, war der Träumerin also bewusst. Einen Zusammenhang zur Freundin sieht sie allerdings nicht.

Den Blick zu schärfen und scheinbar Vertrautes immer wieder mit neuen Augen zu betrachten – das ist gerade dann nicht so einfach, wenn wir uns noch mitten im Geschehen befinden, das uns herausfordert und an dem wir zu kauen haben. Der Traum aber, gerade wenn er emotional aufwühlend ist, regt dazu an, sowohl gewohnte Abläufe des Alltags als auch besondere Vorkommnisse darin genauer unter die Lupe zu nehmen.

Warum ist es wichtig, sich in dieser Etappe den eigenen Einfällen einfach so zu überlassen? Es geht darum, die bisher übliche Sicht auf die Dinge, gängige Einschätzungen und eigene Überzeugungen aus einem etwas veränderten Blickwinkel zu betrachten. Der Traum liefert einen Anstoß dazu, die Perspektive zu erweitern. Sich dafür spielerisch Raum zu geben hilft gewohnte Sichtweisen zu lockern. Denn je fester wir von einem Sachverhalt überzeugt sind, desto eher sind wir geneigt, andere Daten, die davon abweichen, als unwesentlich oder falsch einzuordnen und beiseitezuschieben.

Diese Fähigkeit ist zwar oft und in verschiedener Hinsicht überaus nützlich, etwa, wenn es darum geht, sich bei einer Vielzahl von eintreffenden Reizen auf das Wesentliche zu konzentrieren. Was sich unzählige Male bewährt hat, hilft uns, Abläufe effizient zu bewältigen, und es bestärkt uns in der Ansicht, dass unsere bisherigen Annahmen die korrekte Sicht auf die Welt darstellen. Allerdings dürfen wir dabei nicht außer Acht lassen, dass sich die Welt und auch wir ständig verändern. Manche Prozesse verlaufen rasant, andere mit der Trägheit eines Gebirges, das sich auffaltet. Gerade bei letzteren überrascht es nicht, wenn die leisen Veränderungen tagsüber weiterhin so registriert werden, als sei alles wie gehabt.

Die Szenerie

Jeder Traum, der im Gedächtnis bleibt, ist von besonderen Merkmalen geprägt. Welche Elemente Ihres Traums sind besonders augenfällig? Manche Träume kennzeichnet ein besonderer Vorfall, zum Beispiel fliegen zu können oder das Opfer eines Einbruchs zu werden. Bei anderen ist es ein quälendes Gefühl, das in den Vordergrund tritt, etwa, sich gelähmt zu fühlen oder nicht vorwärtszukommen. Wieder andere Träume fallen durch die Hauptpersonen auf, die darin vorkommen. Verdeutlichen Sie sich, welcher Aspekt – oder vielleicht sind es auch mehrere – für Sie besonders auffallend ist. Sammeln Sie, was Sie mit den einzelnen Bildern und Personen verbinden. Wie lauten Ihre typischen Charakterisierungen der Details dieser nächtlichen Szenen? Beschreiben Sie genau, wie Sie dies gesehen und erlebt haben. Nehmen wir an, dass in Ihrem Traum Wasser eine dominante Rolle spielte. Welche Art von Wasser war es? War es klar oder trüb, bewegt oder ruhig? Welche Atmosphäre herrschte in diesem Wasser-Traum? Wie fühlten Sie sich?

Mit solchen Notizen befördern Sie ganz allmählich Zusammenhänge ans Tageslicht. Weitere ergiebige Ansatzpunkte sind etwa traumtypische Besonderheiten, die im Kapitel zum Bilderalphabet der Träume (Seite 12ff.) erwähnt werden. Im Traum erscheinen sie oft als selbstverständlich und werden erst beim Erwachen als sonderbar deutlich. Manchmal sind sie das auch bereits während des Träumens, wie etwa im Traum von den abnehmbaren Köpfen (Seite 37f.) beschrieben. Vergegenwärtigen Sie sich, eventuell auch indem Sie es notieren: Wie wirkte der Sachverhalt im Traum auf Sie? Versuchen Sie, auch Unterschiede

Ihrer Einschätzung während des Traums und nach dem Erwachen zu registrieren, vorausgesetzt, dass es solche gibt. Nehmen Sie etwa einen Albtraum, in dem der Träumer panische Angst vor kleinen Schildkröten empfand, die bedrohlich auf ihn zu krochen. Im Traum ist die Einschätzung der Hauptperson: Die Schildkröten sind Grund für panische Angst. Nach dem Erwachen kann dieses intensive Gefühl in simplen Ärger umschlagen und zu einer Einschätzung wie dieser führen: »Was bin ich für ein Waschlappen! Wer fürchtet sich denn vor Schildkröten? Das kann auch nur mir passieren. Ich bin ein hoffnungsloser Fall.« Schildkröten als Auslöser für panische Angst im Traum – im Wachzustand ruft dieses Phänomen nur ätzende Kritik hervor. Beide Einschätzungen lohnen sich, notiert zu werden. Und es lohnt, sich um beide Aspekte zu kümmern und sie ernst zu nehmen.

Richten Sie Ihren Blick dann auf die Details. Was bringen Sie mit den einzelnen Bildern in Verbindung? Achten Sie auch auf Vergleiche, die Ihnen in den Sinn kommen. Beachten Sie, welche Aussage entsteht, wenn der Vergleich zum Beispiel folgendermaßen lautet: »Die Einbrecher in meinem Traum sahen aus wie brutale Typen, die man von Fahndungsfotos kennt.« Was verändert sich bei der Schilderung: »Die Einbrecher sahen aus wie Brüder von Räuber Hotzenplotz«?

Spielen Sie solche Vergleiche immer mal wieder übungshalber durch. Zum Beispiel in einem Traum vom Fliegen: Sind Sie geflogen wie ein Adler, wie ein Schmetterling, wie von einem Sog nach oben gerissen, in hohem Bogen wie nach einem Rausschmiss oder wie ein Drachenflieger? Die Mauer, vor der Sie im Traum standen: Glich sie einer Grenzbefestigung? Oder eher einer Weinbergmauer? Einer

Staumauer? War es wie eine Mauer um eine Burg, vor der der Held aus dem Märchen steht? Sammeln Sie, welche Ihrer Erinnerungen oder typischen Erlebnisse Sie mit dem passenden Vergleich verbinden.

Lea-Traum Zurück zum Beispieltraum von Freundin Lea: Das für die Träumerin entscheidende Element besteht aus zwei Aspekten: Da ist einerseits die gute Freundin, andererseits deren tieftraurige Verfassung. Sammelt die Träumerin nun ihre Einfälle zur Freundin, so kommt ihr in den Sinn: viele schöne gemeinsame Erfahrungen, ähnliche Meinungen, bestärkende Erlebnisse, Bedauern, sich nur noch sehr selten zu sehen. Außerdem stellt sie fest: Das Traumbild beunruhigt sie sehr, spontan stellt sie sich die Frage, ob die Freundin in Not sei.

Gegenwärtige Lebensthemen

Mit den Traumbildern erhalten wir Abbilder unserer Hirnaktivität während des Schlafs. Diese Vorgänge befassen sich nicht nur mit den unmittelbar zurückliegenden oder aktuell eintreffenden Sinneseindrücken – wie etwa: die Bettdecke ist zu warm und muss zur Seite geschoben werden –, sondern auch mit lang andauernden gedanklichen Projekten, die Zeit brauchen, bis sie geklärt sind. Zu jeder Lebensphase gibt es Fragestellungen, die eine Art Grundmelodie darstellen. Manchmal treten diese Themen klar in Erscheinung, manchmal schwingen sie diffus im Untergrund mit. In großen Linien durchziehen sie den Alltag, etwa wenn es um Weichenstellungen geht, wie das Gründen einer Familie, die Berufswahl oder auch Bedürfnisse nach psychischer Veränderung.

Anders als bei aktuellen Alltagsabläufen und -themen (siehe Seite 88ff.), geht es bei diesem Orientierungspunkt um die umfassenderen Fragen, die oft über größere Zeiträume hinweg den Grundtenor der inneren Auseinandersetzung bilden. Stehen solche Themen bewusst zuoberst auf der Aufmerksamkeitsliste, dann sind sie einfach zu erfassen. Gar nicht so selten allerdings sind sie unterschwellig aktiv und werden nur von Zeit zu Zeit plötzlich glasklar bewusst. Denken Sie nur an latente Vorsätze, wie öfter mal Nein zu sagen und nicht immer sofort die Erwartungen anderer zu erfüllen; oder die aufrichtige Absicht, die Kinder wirklich ihre eigenen Wege gehen zu lassen. Oder wenn man beruflich alles im Griff hat, fest im Sattel sitzt und ab und zu ein leises inneres Rumoren spürt, das zu sagen scheint: »Das kann doch nicht alles gewesen sein!« Es sind innere Impulse, die mehr oder weniger deutlich wahrzunehmen sind. Manche dieser Denkprozesse befinden sich auch lange auf Tauchstation. Daher sind sie auch nicht so leicht erkennbar, wenn sie sich plötzlich via Traum bemerkbar machen. Sich auch Zeit einzuräumen, um solchen Überlegungen nachzugehen, kann aufschlussreich sein. Lassen Sie sich dabei von folgenden Fragen leiten: Welches aktuelle oder schon länger vorhandene Thema ist für Sie derzeit besonders von Bedeutung? Wie ist dazu der neueste Stand der Dinge? Welche Aspekte davon sind im Vordergrund? Was beschäftigt Sie im Hintergrund als Dauerthema? Welche Stimmung begleitet Sie bei welchem Thema? Passt eine davon zu Ihrem Befinden während des Traums?

Gerade wenn Ihnen beim Beschreiben Vergleiche in den Sinn kommen, können diese Parallelen emotionale Zusammenhänge verdeutlichen. Sie veranschaulichen oftmals, in welcher Verfassung und seelischen Lage Sie sich im Alltag mit einem aktuellen Problem befinden. Die Verbindungen zu sehen verschafft Überblick, was wiederum entlastet. Außerdem vereinfacht es, Ansatzpunkte für eine Lösung zu erkennen, falls Sie mit Ihrem Traum an einem Problem knobeln.

Lea-Traum Für die Träumerin, die von ihrer Freundin Lea träumte, sind gerade keine solchen Themen ersichtlich.

Spiel mit der Sprache

Ein Herr im schwarzen Anzug, aus der Zeit, als Comedians noch Komiker hießen, erzählt, wie er seinen Plan für ein Fischmenü in die Tat umsetzte: »Im Kochbuch stand: ›Man schrecke den Fisch ab.‹ – Ich ging ins Schlafzimmer, band mir ein weißes Laken um, lief über den Flur, riss die Tür zur Küche jäh auf und habe laut ›Buuuhuuuu!!!‹ gemacht. Der Fisch aber hat sich nicht erschrocken. Gestunken hat er ...«

Für das Verstehen von Träumen gibt es zwar leider kein simples Rezeptbuch – dieses Vorgehen des Herrn im schwarzen Anzug will ich Ihnen dennoch gern ans Herz legen, wenn Sie einem Traum auf den Grund gehen wollen: Nehmen Sie Formulierungen und Redewendungen, die Ihnen beim Beschreiben in den Sinn kommen, so wörtlich wie irgend möglich. Wichtig ist hier die Unterscheidung zwischen den Bildern des Traums und der Sprache, mit der Sie die Bilder in Worte fassen. Es sind die Traumbilder, die uns rätselhaft sind. Mithilfe der Sprache, mit der wir das Erlebnis des Traums beschreiben, lässt sich nicht nur einer anderen Person das Traumerlebnis erklären (»Weißt du, es

war so: ...«), sondern die Traumbilder werden durch die sprachliche Beschreibung als Zeichensprache erkennbar; es tritt zutage, welche Alltagszusammenhänge damit angetippt werden. Sprachdetails wortwörtlich zu nehmen, ist daher oft verblüffend ergiebig. Sie werden sehen: Es wird Ihnen nicht zu »stinken« beginnen, sondern zeitweilig sogar wie Schuppen von den Augen fallen.
Keine Angst, Sie müssen deshalb nicht zum Wortakrobaten werden. Es geht nicht einfach um Spielereien mit Worten, sondern darum, ganz genau anzuschauen, was die Wortwahl eigentlich ausdrückt, die man intuitiv getroffen hat.
Der Detektiv Sherlock Holmes betrachtete seinen Tatort immer mit Scharfsinn und Blick fürs Detail. Dieses Vorgehen ist auch genau der Vorschlag zum Orientierungspunkt Sprache: Richten Sie Ihren scharfen Blick auf die Art, wie Sie sich selbst den Traum erzählen und nehmen Sie Ihre Beschreibung als Maßstab. Findet Bewegung statt? Wenn ja, in welche Richtung? Sind Sie selbst darin aktiv oder werden Sie bewegt? Welchen Handlungsspielraum haben Sie im Traum? Wie sind Ihre Beschreibungen dazu? Was lässt sich zu Ihrem Traumzustand sagen? Und welche Formulierung haben Sie unmittelbar nach dem Traum gewählt, um diesen Zustand zu beschreiben?
»Heute Nacht im Traum habe ich wieder mal den Bus verpasst.« Werfen Sie einen genauen Blick auf Ihre Erzählung. Kamen Sie zu spät los? Oder wussten Sie im Traum, dass Sie rechtzeitig dran waren, aber der Bus war Ihnen trotzdem gerade vor der Nase abgefahren? Beide Male erleben Sie ein Zeitproblem mit ärgerlichen Folgen. Es werden aber unterschiedliche Abläufe geschildert. In der ersten Variante drückt die Formulierung aus: Aus irgendeinem

Grund gelang es Ihnen nicht, die Zeit richtig einzuteilen. In der zweiten Schilderung sind es die äußeren Umstände, die zum Verpassen führen.

Damit wird deutlich, dass die nächsten Fragen, die sich aus dem Traum heraus stellen, andere sind. Die erste Spur führt in die Richtung: In welchem Bereich ist die träumende Person zu spät dran oder befürchtet, zu spät zu sein? Im zweiten Fall ist sie zwar rechtzeitig da, aber was geschieht ist, dass ihr etwas »vor der Nase« abgefahren ist. Die Frage zielt also eher in die Richtung: Was ist gerade knapp verpasst? Oder wo ist sie in ihrem Alltag besorgt, sie könnte etwas haarscharf verpasst haben? Der genaue Blick auf die Wortwahl ist ein wesentlicher Schritt. Daran anschließen können sich gedankliche Verbindungen mit Redewendungen oder Doppelbedeutungen. Wortspiele beginnen in kleinen Schritten und liefern sofort Ideen, um die ersten Ansätze weiterzuverfolgen.

Achten Sie bei sprachlichen Formulierungen auf Nuancen. Vergleichen Sie etwa die zwei folgenden Sätze: »Ich rannte weg und wollte nur noch fliehen« und »Die unheimliche Gestalt verfolgte mich und trieb mich wie einen Spielball vor sich her.« Im ersten Fall wird deutlich, dass die Person selbst aktiv wird und etwas will, nämlich weg. In der zweiten Formulierung entsteht vor unserem inneren Auge zwar auch eine Verfolgungsjagd, die Hauptperson aber erlebt sich als getrieben und gejagt. Es taucht die Frage auf, wo sie sich in ihrem Alltag unfrei und als Spielball fühlt. Solche Nuancen erhellen, welcher gedankliche Vorgang oder emotionale Zustand es genau ist, den die Bildersprache der träumenden Person signalisiert. Die emotionale Verfassung ist in den beiden Szenen unterschiedlich, obwohl sie beide Male einfach Angst empfindet. Machen Sie sich dabei bewusst: Es sind zwei Ebenen von bildlicher Sprache, der Sie im Traum begegnen. Erstens sind da die Bilder, die man während des Schlafs sieht. Zweitens fassen Sie diese Bilder nach dem Aufwachen in Sprache, wenn Sie erklären, was Sie gesehen und erlebt haben.

Indem Sie die Sprache genau betrachten, verwenden Sie die Traumbilder als Bildtafeln, die einen Sachverhalt signalisieren. Dieser Sachverhalt setzt sich aus verschiedenen Komponenten zusammen. Zugrunde liegen eines oder mehrere Ereignisse vom Tag. Das führt bereits im Wachzustand, bevor sich der Traum ereignet, zu Gedanken über das Erlebte aus dem Alltag. Es gibt also bereits eine mehr oder weniger ausgefeilte sprachliche Fassung zu einem Tagesereignis oder zu einer Serie von miteinander verbundenen Erlebnissen, die gedanklich vorliegt, bevor der Traum stattfindet. Im Weiteren begleitet ein Bündel an Sinneseindrücken das Erlebnis aus dem Wachleben. Wir hören, riechen, schmecken, spüren, was sich während des gedanklichen Erlebnisses im Wachzustand auch körperlich in uns abspielt. Zu diesen Sinnesempfindungen kommen noch Gefühlswahrnehmungen hinzu, die damit einhergehen. Alle diese Facetten werden in der Bildersprache des Traums transportiert. Die vielschichtigen Eindrücke, die die Erlebnisse hinterlassen, sowie das, was wir über das Erlebte tagsüber bereits gedacht haben – all das vermischt sich zur Traumgeschichte. Die Bildersprache und die verbale Sprache, mit der wir einordnen und bewerten, gestalten die nächtlichen Erlebnisse, die wir Träume nennen.

Dazu lohnt es sich, Ihre Wortwahl unter die Lupe zu nehmen. Haben Sie von einer Verfolgungsjagd geträumt? Wer oder was hat sie verfolgt? War es diffus und nicht sichtbar, nur fürchterlich bedrohlich, sodass Sie wussten: »Nichts wie weg hier!« Oder erkannten Sie eine bestimmte Gestalt, die Sie nun in welche Worte fassen? In der ersten Version gibt es ein unklares, bisher nicht zu erkennendes Moment der Bedrohung. Daraus entsteht bereits ein Impuls für die träumende Person, was sie nun tun will: schnellstmöglich wegkommen. Dieser Handlungsimpuls aus dem Traum – »Nichts wie weg hier!« – kann mit der bewussten Ausformulierung in Worten, mit der Übersetzung in verbale Sprache, zum gedanklichen Anstoß werden: Wo gibt es im Alltag Situationen, in denen die betreffende Person denkt: »Nur weg von hier«? In der zweiten Version lässt die bestimmte Gestalt erkennen, was es ist, das bedroht und verfolgt. Welche Gefahr verbinden Sie mit dieser bestimmten Figur?

Für beide Versionen gilt, wie bereits mehrfach erwähnt: Der Traum schildert keinen Ablauf, der schicksalhaft und auf alle Fälle eintreffen würde, sondern er beschreibt eine gedankliche Einschätzung oder ein aktuelles Lebensgefühl der träumenden Person.

Eine reizvolle Variante ergibt sich aus dem Doppelsinn mancher Wörter. Sie haben sowohl eine konkrete als auch eine übertragene Bedeutung, was immer wieder zu verblüffenden Resultaten führt. Zum Beispiel das Wort »verfolgen« aus dem obigen Bild von der Verfolgungsjagd: Es bedeutet einerseits, wie der »Duden« definiert: »durch Hinterhergehen, -eilen zu erreichen (und einzufangen) suchen«. Aber es heißt auch »jemandem zur Last fallen«, wenn man ihn etwa mit Bitten verfolgt; man kann auch eine Spur verfolgen und damit »ein Ziel oder eine Absicht zu erreichen versuchen«. Oder der Begriff »einbrechen«: Diebe können einbrechen, womit sie einen Einbruch begehen. Aber auch eine Mannschaft kann bei einem Turnier einbrechen, dann

erlebt sie einen Leistungseinbruch. Jemand kann in die Privatsphäre einbrechen, was Einbruch in einem anderen Sinn bedeutet.
Erlauben Sie sich, mit Wörtern und Wortbildern aus Ihrem Traum zu jonglieren! Sie kennen die Klassiker: Bank als Gartenbank und als Geldinstitut, Ball zum Spielen und als festlicher Tanzanlass, Birne als Frucht und als saloppe Bezeichnung für den Kopf; beschränkt – räumlich oder auch geistig, husten – bei einer Erkältung und auch »jemandem etwas husten« im Sinn von »ihm etwas abschlagen« oder auch »jemandem deutlich die Meinung sagen« etc. Das mag etwas kompliziert klingen. Aber denken Sie an den Vergleich, dass Träume wie ein Set von Bildtafeln vor unserem inneren Auge aufblitzen – es ist schwierig, einen komplexen gedanklichen, gerade auch emotionalen Zusammenhang nur in Bildern darzustellen. Wenn man vor allem mit Bildtafeln agiert, wie das unsere Traum-Regie tut, dann kann die Erzählung schon mal wunderlich daherkommen. Und es kann die eine oder andere Bildimpression für die Darstellung mehrerer Bedeutungsvarianten Einsatz finden.
Welche Wörter, Formulierungen und Redewendungen wir wählen – und hier lohnt es sich, genau hinzuhören –, führt manchmal unmittelbar zur Kernaussage eines Traums, wie der folgende detailreiche Traum einer 45-jährigen Frau veranschaulicht.

TRAUM

Ich mache die Bekanntschaft eines jungen Geschäftsmanns, Anfang 30, von attraktivem Aussehen, der sehr versiert und dynamisch auftritt. Mich beeindruckt sein professionelles Auftreten, gleichzeitig habe ich aber das ungute Gefühl, dass er unaufrichtig ist und vor nichts zurückschrecken würde, um seinen eigenen Vorteil zu erreichen. Ich spüre deutlich, ich muss auf der Hut sein und bin froh, dass ich nicht näher mit ihm zu tun habe.

Da kommt Präsident Obama zu einem offiziellen Besuch in Begleitung zahlreicher Mitarbeiter sowie seiner Gattin. Er ist gut gelaunt und strahlt Entschlossenheit aus, Projekte weiter voranzubringen. Ich freue mich, dass ich ihn persönlich erleben darf und bin sehr beeindruckt von seiner Ausstrahlung. Mit einem Mal wird mir klar, dass der attraktiv aussehende Geschäftsmann, dem ich vorher begegnet war, einer seiner Verhandlungspartner bei den nun anstehenden Gesprächen ist. Bei dem Gedanken ist mir gar nicht wohl, ich weiß aber, dass ich keinen Einfluss nehmen kann, da ich keinerlei Funktion bei diesen offiziellen Treffen habe.

Offenbar findet aber eine Art Besichtigungsveranstaltung statt, bei der dem Präsidenten und seiner Delegation Sehenswertes erklärt wird. Dabei befinde ich mich an Präsident Obamas Seite, habe anscheinend den Auftrag, ihn durch das vorgesehene Programm zu führen, und wiederhole auf seine fragenden Blicke hin immer wieder den Satz: »Es ist dann o.k., wenn Sie ein gutes Gefühl dabei haben!« Manchmal führe ich noch aus: »Wenn aber etwas in Ihnen Sie warnt oder Sie sich lustlos zu einer Aktivität schleppen müssen, dann stimmt etwas nicht. Es ist nur dann o.k., wenn Sie im Grund ein gutes Gefühl dabei haben.«

Plötzlich befinden wir uns in der letzten Szene der offiziellen politischen Verhandlungen und gleichzeitig – wie in einer Filmüberblendung – findet auch schon die Pressekonferenz statt. Zur großen Überraschung aller sagt Präsident Obama klipp und klar, dass er mit diesem Geschäftsmann auf keinen Fall zusammenarbeiten werde. Denn es sei ihm plötzlich wie Schuppen von den Augen gefallen, dass er mit diesem Verhandlungspartner gar kein gutes Gefühl gehabt habe. Er erklärt hocherfreut: »Bei der Besichtigungstour wurde mir wiederholt erklärt, es ist dann eine gute Lösung, wenn ich ein gutes Gefühl dabei habe – hier habe ich kein gutes Gefühl, also gibt es auch keine Zusammenarbeit.«

Die Träumerin erwachte beschwingt aus diesem Traum, war amüsiert und zugleich verblüfft.

Das Erste, was ihr dazu einfiel, war (Orientierungspunkt 5, Gegenwärtige Lebensthemen): Die Leitsätze, die sie dem Präsidenten gegenüber immer wieder geäußert hatte, waren für sie in den vergangenen Wochen als Erkenntnis und Orientierung besonders wichtig geworden. Aufgrund einer schweren Erkrankung sah sie sich gezwungen, ihre Kräfte besonders gut einzuteilen. Die zentrale Frage war für sie daher: Wofür wollte sie ihre sehr reduzierte Energie nun einsetzen? Nach welchen Kriterien sollte sie entscheiden, was nun zu tun oder zu lassen wäre? Wie konnte sie dem eigenen Gefühl trauen? Im Alltag war das oft gar nicht so einfach herauszufinden.

Sätze sind zwar keine Sehenswürdigkeiten – aber das, was sie in ihrer Funktion als Tour-Guide von Präsident Obama als »sehenswert« erklärte, war im Grunde die Quintessenz dessen, was sie für sich selbst als »wert zu sehen« erkannt hatte. Die Formulierung, ganz konkret beim Wort genommen, liefert den Hinweis zur Kernaussage des Traums.

Auch hier gilt: Der Traum liefert keine Charakterisierung von Präsident Obama. Was er zeigt, ist eine Momentaufnahme zur aktuellen inneren Auseinandersetzung der Träumerin mit einem für sie existenziellen Thema. Ihre aktuelle

Situation ist geprägt davon, dass sie mit einer schwierigen gesundheitlichen Situation zu kämpfen hat und mit Zweifeln und Unsicherheit fertigwerden muss. Sie ringt um Orientierung und hat einen Leitfaden gefunden, an dem sie sich entlangtastet. Wendet sie diese Leitsätze selbst an und handelt danach, so kann das ihren Alltag umkrempeln. Nicht mehr die Pflicht und die Vorgaben anderer, nicht mehr Sachzwänge oder rein rationale Überlegungen entscheiden. In dieser persönlichen Konsequenz für ihr Leben sind diese Erkenntnisse für sie neu. Sie muss sich damit erst zurechtfinden. Erlebnisse aus dem Alltag sind notwendig, um sich zu vergewissern, dass die Richtung stimmt. Ebenso braucht es die Verarbeitung während des Schlafs, um diese emotionalen Erfahrungen einzubauen.

In ihrem Traum reagiert Präsident Obama, ein von ihr sehr geachteter Mensch, äußerst anerkennend auf die Erkenntnisse, die für sie so bedeutend geworden sind. Diesen Traum zu erleben und zu erinnern, kommt für sie als positive Überraschung und als ermutigende Bestätigung, mit diesem Vorgehen und ihren Leitsätzen auf der richtigen Spur zu sein.

Geben Sie Ihrem ganz persönlichen Sprachgebrauch und Ihren sprachlichen Vorlieben Raum. Manche Wörter oder Namen bekommen im familiären Kontext oder im Freundeskreis eine besondere Bedeutung, weil gemeinsame Erfahrungen damit verbunden sind. Dann werden solche Begriffe zu einem Kürzel für einen komplexen Sachverhalt und ganz persönliche Erinnerungen. Mit Sicherheit wählen auch manche Träume solche Stücke aus Ihrer ganz privaten Sprache als treffsicheres Bild aus Ihrem persönlichen Erinnerungsschatz.

Auch wenn Sie gerne systematisch vorgehen und logisch schlussfolgern oder eher der Typ sind, der rasch Nägel mit Köpfen macht – gestatten Sie sich, Ihre Gedanken schweifen zu lassen. Beweisen Sie Mut zum Gedanken-Sammelsurium. Und geben Sie sich Raum, neue Erkenntnisse zum Stand oder besser gesagt zum Gedeih der Dinge reifen zu lassen. Gerade wenn im Traum Aspekte angesprochen werden, die bisher im eigenen Blick auf die Welt gar nicht vorkamen, braucht man Zeit, um eine neue Sicht zu entwickeln.

Die folgenden Träume eines 55-jährigen Hochschullehrers illustrieren einmal mehr, dass es der Träumer selbst ist, der definiert, was er für sich als wesentlich erkennt. Innerhalb kurzer Zeit hatte er mehrmals von dramatischen Unglücken, wie entgleisenden Zügen und explodierenden Dampfkesseln geträumt. Bei jedem dieser Ereignisse geriet er in Todesangst, war dabei im Traum jeweils ums Leben gekommen. Den extremen Schrecken und die furchtbare Angst, die er in diesen Träumen erlebte, registrierte er zwar nach dem Aufwachen aufmerksam. Das war für ihn aber nicht der zentrale Punkt seiner nächtlichen Erlebnisse, sondern:

TRAUM

Das für mich besonders Beeindruckende, schon im Traum und erst recht am nächsten Morgen, war: Nachdem es kein Entrinnen mehr gab, wurde ich plötzlich ganz ruhig und gefasst. »Das war's wohl …« stellte ich fest und verabschiedete mich dabei innerlich in Ruhe. Das war wirklich sehr beglückend! Für mich war das ein Modell und eine Hoffnung, in einer ähnlichen Situation dem Tod wirklich so ruhig und gefasst entgegenzusehen.

Es ist die träumende Person, die weiß, welche Frage für sie im Zentrum steht. Vorsicht und respektvolle Distanz sind daher immer geboten, wenn man gefragt wird, dabei zu helfen, einen Traum genauer zu erschließen.[13]

Gefühle

Auch hier ist zunächst Ihre Fähigkeit zur möglichst nüchternen Beschreibung gefragt. Wie fühlten Sie sich beim Erwachen? Spürten Sie Angst, grenzenloses Erstaunen, Ekel, Entsetzen, tiefes Berührtsein, Freude oder einfach Panik? Versuchen Sie, diese Empfindungen an sich zu beschreiben und – wenn möglich – auch gar nicht zu begründen. Welche Gefühle hatten Sie während des Traums und wie ging es Ihnen beim Aufwachen? Gefühle sind ein vielschichtiger Bereich. Gerade weil Traumbilder auch Lernerfahrungen von früher abbilden, zeigen sie unter anderem auch ehemalige Einschätzungen, die nun mit neuen Eindrücken verglichen und verbunden werden. Gefühle sind daher nicht per se »richtig«, nur weil sie in einem Traum auftauchen. Vergleichen Sie das mit einer Situation aus dem Alltag: Wenn Sie plötzlich ein Schreck durchfährt, weil Sie glauben, Ihren Schlüssel verloren zu haben, ist Ihr Erschrecken natürlich berechtigt bei dem Gedanken, welchen Ärger das bedeuten würde. Wenn Sie ihn kurz danach wiederfinden, werden Sie jedoch feststellen, dass Ihre gefühlsmäßige Einschätzung eigentlich nicht zu Ihrer aktuellen Situation passt. Auch bei Träumen geht es darum, den Stellenwert der Gefühle im ständigen Veränderungsprozess zu erkennen und einzuordnen. Vor allem beim Verstehen von Albträumen spielt dies eine besondere Rolle (siehe Seite 146ff.).

Unterschiedliche Einschätzung früher und heute
Die eigene Einschätzung des zentralen Merkmals Ihres Traums eröffnet oft neue Hinweise. Zum Beispiel, wenn Ihre Wohnung darin eine Rolle spielt, Ihr Partner oder Ihr Arbeitsplatz: Was denken/fühlen Sie aktuell dazu? Wie war Ihr Empfinden früher? Wie ging diese Entwicklung Ihrer Gefühle vor sich? Lief das organisch oder fand ein Bruch statt? Oder beschäftigt Sie eher, dass keine Bewegung erkennbar ist? In dieser Etappe ziehen Sie Ihr persönliches Erfahrungsrepertoire der Gefühle heran. Das betrifft zum Beispiel einzelne Aspekte der Szenerie oder einen Gesamtgefühlseindruck, den der Traum in Ihnen wachruft. Hat der Traum Befürchtungen geweckt? Falls ja, welche? Gibt er Anlass zu Hoffnungen oder verleiht er Sehnsüchten Auftrieb? Was würde passieren, wenn Sie sich diesen einfach überlassen? Sehen Sie Risiken oder Chancen?
In welcher Grundstimmung befinden Sie sich derzeit im Alltag? Ist aktuell etwas Besonderes aufgetreten, was im Bereich Stimmung, Atmosphäre, Lebensgefühl Ihre Aufmerksamkeit in Anspruch nahm? Gibt es Parallelen zwischen Ihrem Befinden im Traum und dem in bestimmten Alltagssituationen? Was unterstreicht der Traum? Wo widerspricht er? Gibt es Aspekte, die der Traum ergänzt?

Lea-Traum Situation der Träumerin des Lea-Traums: Der Traum hat sie aufgerüttelt. Sie fühlte die tiefe Niedergeschlagenheit der Freundin so intensiv, dass sie diese Eindrücke auch tagsüber nicht abschütteln kann. Dazu kommt eine große Sorge um die Freundin, weil sich der Traum so real anfühlte. Bei der Freundin einfach anzurufen, kommt für sie beim derzeitigen Stand ihrer Beziehung jedoch nicht infrage.

Naheliegend, im wahrsten Sinn des Wortes, ist in einem solchen Fall die Annahme, der Traum könnte etwas über die träumende Person selbst erzählen. Angenommen, er hätte etwas mit ihrem eigenen emotionalen Befinden zu tun – was könnte das sein? Wie sie sich selbst aktuell fühlt, das liegt für sie auf der Hand: Sie ist ziemlich bedrückt, was sie überhaupt nicht wundert, wenn sie sich ihre aktuelle Lage vergegenwärtigt (siehe Seite 89). Dass sie sich als Mutter Sorgen um die Tochter macht, das ist ihr klar, das braucht ihr kein Traumbild nochmals vor Augen zu führen. Und warum sollte die Freundin hier zum Inbegriff des aktuellen Kummers werden? Es ist diese Frage, die ihr tagelang im Kopf herumspukt.

Schlagartig erinnert sie sich: Vor ein paar Jahren war der erwachsene Sohn dieser Freundin häufig im Zentrum ihrer freundschaftlichen Gespräche gestanden. Die Mutter sorgte sich sehr um ihn, da er vor einigen Jahren sein Informatik-Studium mittendrin abgebrochen und sich seither mit Ach und Krach über die Runden gebracht hatte. Damals hatte sie oft mit der Freundin mitgelitten und ihr sehr gewünscht, dass sie sich nicht so grämen solle. Für sie als wohlwollend Anteilnehmende war sonnenklar: Die Freundin hätte jedes Recht, sich stärker von ihm zu distanzieren. Und in diesen Gesprächen darüber hatte sie es außerdem als zentral erachtet – nicht zuletzt auch für den Sohn –, dass die Mutter die Verantwortung dort belassen sollte, wo sie ihrer Ansicht nach lag: beim erwachsenen Sohn.

Fazit: Das Traumbild fasst zusammen und verdeutlicht: Die Träumerin ist, was ihr erwachsenes Kind betrifft, nun in der gleichen Situation wie die von ihr so oft bedauerte Freundin. In der aktuellen Lebenslage versinnbildlicht das

Traumbild von dieser Freundin eine zurückliegende Erkenntnis der Träumerin, die für sie auf neue Weise ins Zentrum rückt: Wie diese sorgt sie sich um das Wohl ihres Kindes und leidet darunter, sich vorzustellen, wie schwierig das weitere Leben der Tochter nun werden könnte. Der Rat, den sie in Variationen der Freundin gab, gilt nun auch für sie selbst: klarer innerlich auf Distanz zu gehen und auch die eigene erwachsene Tochter als eine Person zu behandeln, die für ihr Leben selbst die Verantwortung trägt.

Die Orientierungspunkte praktisch erprobt

Die folgenden ausführlichen Traumbeispiele sollen die Orientierungspunkte nochmals verdeutlichen – ohne Anspruch, damit alle Nuancen des Geträumten zu erfassen. Sie sind auch dazu gedacht, Sie auf Ihre eigenen Träume einzustimmen.

Vom Eisbär verfolgt

Im dem folgenden Traumfragment spielt ein Eisbär eine besondere Rolle. Die Träumerin, eine junge Frau, erwacht in Panik aus folgender Geschichte: Der neue Kollege aus der benachbarten Finanzabteilung, der im Traum gleichzeitig ein Eisbär ist, ist hinter der Träumerin her. Es ist eine wilde Verfolgungsjagd, bei der sie zu entkommen versucht. Er fährt dabei auf einem Skateboard.

Zur aktuellen Situation der Träumerin im Alltag: Sie ist Auszubildende im öffentlichen Dienst, zufrieden mit ihrer Arbeit, erfreut sich an ihren Hobbys, lebt noch bei den

Eltern und trifft sich in der Freizeit gerne mit ihren Freundinnen. Ihr Alltag läuft zurzeit rund, keine besonderen Vorkommnisse. Sie selbst beschreibt: Ihr geht es gut, es sind keine Probleme in Sicht.
Ein Problem, das Fragen aufwirft, ist für sie aber dieser sehr unangenehme Traum. Nicht nur beim Aufwachen, auch während des Träumens hatte sie panische Angst.

Der Traumbericht Der erste Orientierungspunkt ist schnell erledigt:

TRAUM

Der neue Mitarbeiter Manuel ist hinter mir her. Er ist zugleich ein Eisbär. Es ist eine wilde Verfolgungsjagd, irgendwie über Hindernisse. Ich will nur weg. Ich renne wie verrückt. Er fährt auf dem Skateboard hinter mir her und kommt immer näher. Ich bin in Panik.

Aktuelle Alltagserlebnisse Die nächste Frage, die sich für die Träumerin stellt: Wo gibt es Verbindungen zwischen ihrem Traum und ihrem Alltag? Ihr Alltag kommt auf den ersten Blick gar nicht vor. Weder ist sie im Wachleben das Opfer von Verfolgungsjagden, noch hat sie mit Eisbären zu tun. Das einzige Detail, das eine sehr lose Verbindung zu ihrem Alltag aufweist, ist die Person, die zugleich als Tier auftritt: der neue Kollege aus der Finanzabteilung. Eigentlich hat er nur wenig mit ihrem Alltag zu tun. Denn er arbeitet erst seit Kurzem im Betrieb und zudem in einer anderen Abteilung. Direkten Kontakt gab es keinen. Sie sah ihn ab und zu kurz von Weitem auf dem Gang und in der Kantine. Sie findet, dass er sehr attraktiv aussieht. Sonst hat sie bisher noch nichts über ihn in Erfahrung gebracht.

Gefühle Im Traum fühlte sie Panik. Die Angst war schrecklich und sie war froh, aufgewacht zu sein. Im Alltag dagegen fließt das Leben für sie gerade durchaus friedlich vor sich hin. Es besteht für die Träumerin daher ein scharfer Kontrast zwischen den Gefühlen tagsüber und dem Zustand während des Traums – das lohnt sich zu notieren.
Dazu kommt: Das Bild des Eisbären auf dem Rollbrett erinnert auch an die Fasnacht, den Karneval. Bei Licht betrachtet sieht der Kollege vielleicht sogar wie verkleidet aus. Diese unfreiwillige Komik kann bei Tag davon ablenken, wie sehr sie im Traum von Angst und Panik erfüllt war. Umso wichtiger ist es, diese kontrastierende Befindlichkeit zu berücksichtigen. Gerade bei so stark abweichenden Wahrnehmungen und Einschätzungen lohnt es sich, die unterschiedlichen Gefühle, während des Traums und danach bei Tag, aufmerksam zu registrieren.

Die Szenerie Was denkt die Träumerin über den neuen Kollegen? Wie ist ihre gefühlsmäßige Einschätzung? Sie findet, er sieht wirklich verdammt gut aus. Bei genauerem Überlegen kommt ihr in den Sinn: Immer wenn sie ihn flüchtig sah, spürte sie sogar Schmetterlinge im Bauch.
Es ist davon auszugehen, dass bei den nächtlichen Sortierarbeiten ihres Gehirns die neuen Eindrücke von diesem Mann bereits in vielen Abgleichen mit bisherigen Erfahrungen und Erlebnissen in Verbindung gebracht werden.

Gefühle Wie sind sie heute, wie waren sie früher? Solche Verbindungen lassen sich auch bei Tag ziehen. Welche Eindrücke prägten sie in ihren Beziehungen zu Männern? Was war schön, was weniger? Wie ist der aktuelle Stand der Dinge hinsichtlich Verlieben und Beziehung? Was wünscht sie sich?

Spiel mit der Sprache In Kurzfassung lautet der Traum: Ein Mann, der auch ein Eisbär ist, verfolgt die Träumerin. Wenn wir das Geschehen wortwörtlich betrachten: Der Mann verfolgt sie – aber wo? Tatsächlich passiert nichts, während des Traumerlebnisses liegt sie ja im Bett, alles geschieht in ihren Gedanken. Der Kontakt mit ihm im Traum, das heißt in ihren Gedanken, verläuft stürmisch – der Eisbär-Mann verfolgt sie. Wir sagen auch »das verfolgt mich«, wenn uns der Gedanke an ein Ereignis nicht mehr loslässt. Im wahrsten Sinn des Wortes verfolgen die Träumerin die Erinnerung und die Gedanken an einen Kontakt mit diesem Mann.
Ihr Bildersortiment liefert einen weiteren Hingucker, der stutzen lässt. Der Mann ist gleichzeitig ein Eisbär. Auch dieses Bild lässt sich wortwörtlich nehmen. Ideen, die sie zu »Eisbär« sammelt, könnten zunächst sein: ein gefährliches Tier, das in der Kälte lebt; ein Einzelgänger, der weite Wanderungen macht; ein durch den Klimawandel gefährdetes Tier. Das Gebiet, in dem man Eisbären begegnet, ist vorwiegend eine von Eis bedeckte Gegend. Die Eisbären im Zoo tun der Träumerin vielleicht leid.
Der Begriff Eisbär ist ein zusammengesetztes Wort, das aus Eis und Bär besteht. Mögliche Einfälle zu den einzelnen Bestandteilen: Eis ist kalt, in der Arktis hat es viel davon. Auf Eis kann man Schlittschuh laufen. Eishockey ist rasant

und spannend. Auf Glatteis kann man ausrutschen. Bären wirken gemütlich, lieben Süßes und sind stark. Der Stoffbär aus der Kindheit ziert heute noch die Couch.
Das erste Fazit lautet: Im Traum verknüpft sie mit diesem für sie attraktiven Mann Aspekte, die sie im Bild des Eisbären zusammenfasst: eine gefährliche, unwirtliche Seite, aber auch Stärke und Abenteuer sowie Süßes und Gemütliches. Denn Mann und Eisbär sind im Traum eins.

Da der Eisbär-Mann Skateboard fährt, liefern Ideen der Träumerin zu diesem weiteren ungewöhnlichen Bild noch einige Zusatzinformationen: Was denkt sie über Skateboards und welche Erlebnisse verbindet sie damit? Mag sie dieses Sportgerät oder steht sie ihm eher distanziert gegenüber? Bewundert sie Skateboarder? Oder ärgert sie sich immer wieder über Leute auf solchen Brettern, weil sie findet, sie nehmen überhaupt keine Rücksicht auf Fußgänger? Oder verbindet sie damit sogar ein einschneidendes Erlebnis wie einen Unfall oder einen Sturz, an dem sie selbst oder eine ihr nahestehende Person beteiligt war? Vielleicht ordnet sie dieses Sportgerät auch einer bestimmten Altersgruppe zu, etwa Leuten unter dreißig. Dann wird es für das Verstehen ihres Traums eine besondere Rolle spielen, wenn der neue Kollege bereits um die vierzig ist.
Das Sportgerät, mit dem der Traum ihren neuen Kollegen ausstattet, liefert ihr damit weitere Informationen zu ihrer eigenen Einstellung, was den möglichen Kontakt betrifft. Hat sie ihn gedanklich bereits zu den »Buben« sortiert, die keine Verantwortung übernehmen wollen? Oder fasziniert sie seine dynamische, jugendliche Ausstrahlung?
Von den nüchternen Fakten aus betrachtet, führt ein Skateboard dazu, dass die Person, die es benutzen kann, sich

sehr viel schneller als zu Fuß fortbewegt. Das bedeutet, von der Geschwindigkeit der Fortbewegung her kann man einer solchen Person nur sehr schwer entkommen. Das Bild unterstreicht damit, wie unausweichlich nah ihr dieser Mann rückt. Er könnte sie sogar überrollen.

Der Blick von außen Ausgangspunkt ist die Situation der Träumerin, wie sie sich jetzt durch den Traum präsentiert. Was zuallererst auffällt, ist die große Angst und Panik, die sie im Traum erlebt hat. Beim Aufwachen, wenn sich langsam wieder die Logik des Wachbewusstseins zuschaltet, merkt sie, wie skurril und unfreiwillig komisch die Bilder wirken, die da in ihr abgelaufen sind. Der scheinbare Unsinn der nächtlichen Vorkommnisse erschwert den Zugang. Nicht zuletzt komplizieren es die komödiantischen Details auch zu verstehen, warum sie so große Angst hatte. Orientierung bietet, was für die Träumerin an diesem Ablauf zentral ist. Das ist das Gefühl der Panik. So könnte die allererste Erkenntnis aus dem Traum für sie lauten, nüchtern und mit Abstand betrachtet: »Irgendeine Seite von mir hat panische Angst. Denn die panische Angst war das alles beherrschende Gefühl beim Träumen.«
Ihr aktuelles Befinden und ihre Persönlichkeit setzen sich aus sehr vielen Aspekten zusammen. Die panische Angst ist nur eine – vielleicht sogar nur eine sehr kleine – Facette davon. In den nächtlichen Verarbeitungsprozessen des Träumens aber wurde sie in den Fokus gerückt und zeigt damit: Auch diese Seite ihres aktuellen Gesamtbefindens ist ernst zu nehmen.

Aktuelle Alltagserlebnisse Im Alltag steht für die Träumerin derzeit anderes im Vordergrund. Sie ist zufrieden, wie die Dinge laufen. Dennoch präsentiert das Leben auch ihr tagtäglich Neues: Ein neuer Mitarbeiter ist in ihrer Arbeitswelt aufgetaucht. In flüchtigen Augenblicken hat sie registriert, dass sie ihn attraktiv findet. Mit diesem Eindruck erlebt sie, jemanden anziehend zu finden – das heißt, noch genauer ausgedrückt, es geschieht ihr etwas, sie erfährt, dass sie ohne ihr eigenes Zutun von jemandem angezogen wird. Damit taucht in ihrem Alltag auch das Thema »erotische Kontakte« auf – auch das für sich genommen eine unspektakuläre Tatsache, die zum Leben gehört.

Das Thema kann aber, je nach Lebenserfahrung, auch ziemlich beunruhigend sein. In jedem Fall bedeutet es, dass die Person auf neue Außenreize trifft, mit denen sie – vor dem Hintergrund ihrer bisherigen Erfahrungen – lernen muss umzugehen. Dass es für die Träumerin um etwas geht, was aktuell für sie schwierig ist, darauf weisen ihre panischen Gefühle im Traum hin.

Bei Tag spürt sie nur Angenehmes, wenn sie an ihn denkt: der neue Kollege, eine anziehende Erscheinung. Nachts im Traum hingegen wird sie von ihm verfolgt und versucht zu entkommen. Das belastet.

Der Traum legt damit nahe: Die mit einem/diesem attraktiven Mann verknüpften Gefühle und Erinnerungen sind für sie – zumindest teilweise – eher schwierig und mit Stress verbunden. Solche Diskrepanzen zwischen dem Erleben am Tag und im Traum liefern immer interessante Hinweise für ein umfassenderes Bild zur aktuellen Verfassung.

Gegenwärtige Lebensthemen Auch hier werden durch Hinterfragen der eigenen Erlebnisse und Einschätzungen die Hintergründe und Zusammenhänge ersichtlich: Musste die Träumerin ihre Gefühle häufig auf Eis legen? Oder beschlich sie oft das Gefühl, sich im Kontakt mit Männern aufs Glatteis zu begeben? Lautet für sie im Umgang mit potenziellen Partnern vor allem die Devise: cool bleiben? Wie ging/geht es ihr generell mit erotischen Avancen? Fühlt(e) sie sich davon eher überrumpelt und bedrängt?

Vertiefende Fragen sind: Welche Bedeutung gibt sie dabei Erlebnissen mit Schulkollegen und anderen männlichen Bekannten von früher – und wie gewichtet sie Schönes und Schwieriges von damals? Spürt sie Skepsis und Distanz oder Neugier und Abenteuerlust? Wünscht sie sich neue Erfahrungen oder befürchtet sie eine Wiederholung vergangener schlechter Erlebnisse?

Zu beachten ist auch hier: Der Traum zeigt kein Psychogramm des neuen Mitarbeiters. Es ist auch keine Charakterstudie. Was er schildert, ist eine kurze Szene eines möglichen Kontakts, der für die Träumerin bedrängend und angsterregend ist. Anders gesagt, die Träumerin wird von den Gedanken verfolgt, die dieser Mann in ihr hervorruft. Ob der Mann tatsächlich im Alltag Interesse an ihr hat und ihr nachgehen würde, das bleibt offen. Dargestellt wird die Quintessenz der bisherigen Tageseindrücke und was die Frau daran, auch aufgrund ihrer bisherigen Erfahrungen, weiter beschäftigt. Wie viele Aspekte davon aus realen Signalen des Kollegen abgeleitet sind, wie etwa besonderen Gesten oder Blicken ihr gegenüber, ist nicht ersichtlich.

Vermutlich waren auch Sie mehr als einmal verblüfft, wie viele zutreffende Informationen Sie bereits mit ersten intuitiven Wahrnehmungen aus einer kurzen Begegnung ziehen konnten. Das ist zweifellos so. Dennoch lohnt sich eine sorgfältige Analyse: Wenn man sich verdeutlicht, was man real über sich selbst und was man – ebenso fundiert aufgrund von Fakten – über den anderen weiß, stellt dies die eigenen Erkenntnisse aufgrund von Träumen auf einen soliden Boden. Und ganz generell vereinfacht ein solches Vorgehen den Kontakt mit anderen Menschen.

Fazit Der Traum liefert der Träumerin eine verdichtete Zusammenfassung ihrer gefühlsmäßigen Einschätzung des Kontakts mit diesem Kollegen – und unterstreicht, dass er für sie unter anderem mit viel Angst verbunden ist. Die Thematik bedeutet für sie Stress.
Es ist durchaus denkbar, dass ihr dieser innere Sachverhalt nur sehr erschwert zugänglich ist. Als junge Frau, die dabei ist, erwachsen zu werden, könnte sie von sich selbst erwarten, Kontakte mit möglichen Sexualpartnern aufregend, cool, und vor allen Dingen erstrebenswert zu finden. Als »uncool« könnte sie es einschätzen, wenn sie sich selbst bei der Vorstellung ertappt, dass sie bei dem Gedanken, in die Nähe eines attraktiven Mannes zu kommen, in Panik gerät. Je nachdem, wie ausgeprägt ihre Erwartung an sich selbst ist, kann es dadurch umso schwieriger sein, die panischen Gefühle aus dem Traum mit sich selbst und dem Thema »Kontakt mit einem anziehenden möglichen Sexualpartner« in Zusammenhang zu bringen.
In einer solchen Situation ermöglicht sich die träumende Person einen späteren Zugang, indem sie einfach mal registriert: »Da gibt es irgendwo in mir eine Seite, die Panik empfindet. Laut Traum hat das mit männlichen Personen zu tun. Wie genau, das kann man ja einfach mal offenlassen.«
Welche Eigenschaften dieser Kollege tatsächlich hat, der im Traumgeschehen aufgetaucht ist, das lässt sich daraus

nicht erschließen. Dargestellt ist nur die Sicht der Träumerin. Inwieweit sie intuitiv auch tatsächlich vorhandene Eigenschaften dieses Kollegen erfasst hat, ist aus dem Traum nicht abzuleiten. Was die Träumerin aber mit Sicherheit daraus entnehmen kann: Es gibt zurzeit einen Teilbereich ihrer Persönlichkeit, der in massive Bedrängnis gerät, wenn ein attraktiver Mann auftaucht. Dies zu wissen und ernst zu nehmen, ermöglicht ihr, auf diese angstvolle Seite von ihr mehr Rücksicht zu nehmen, um sich nicht zu überfordern, sollte sie Lust auf näheren Kontakt haben.

Träume bieten häufig hilfreiche Hinweise zur Verbesserung unseres Wohlbefindens. Wie sie uns immer wieder – zunächst aber nicht immer zu unserer Freude – in diese vielversprechende Richtung lotsen, das veranschaulichen die folgenden Beispiele.

Wie weiter mit dem Nachbarn?

Vorweg zur aktuellen Situation der Träumerin (Orientierungspunkt 3): Sie ist 40 Jahre alt und lebt seit fünf Jahren alleine. Bei kurzen Begegnungen im Treppenhaus hat sie sich mit einem Nachbarn angefreundet, der ebenfalls seit einiger Zeit wieder Single ist. Sie genießt die zunehmend vertrauter werdenden Gespräche. So teilt er ihr unter anderem auch mit, dass wegen dummer Fehler seine Beziehung mit einer für ihn sehr besonderen Frau in die Brüche gegangen ist, was er noch heute bedauert. Die beiden Nachbarn verbringen inzwischen recht viel Freizeit miteinander. Bei einer dieser Unternehmungen eröffnet er ihr, dass er sich in sie verliebt hat.

Orientierungspunkt 5, Gegenwärtige Lebensthemen: Sie hat ihren Nachbarn sehr gern, stellt aber fest, dass sie keinerlei sexuelles Verlangen nach ihm verspürt. Der sexuelle Bereich war für sie bisher zwar nie einfach, sie brauchte immer eine gewisse Zeit, bis sie diese Erlebnisse genießen konnte. Inzwischen ist Sexualität jedoch sehr wichtig für sie geworden, obwohl sie sich diesbezüglich trotz einiger Kontakte eher unerfahren fühlt. Ihr Nachbar hat sich, etwas frustriert, damit arrangiert. Sie genießt die Unternehmungen mit ihm und freut sich, dass sie sich so gut verstehen.

Ihr aktuelles Problem (Orientierungspunkt 3): Sie steckt fest, in der Beziehung zu ihrem Nachbarn bewegt sie sich weder vorwärts noch zurück. Sie ist verwirrt und kennt sich selbst nicht mehr. Sie weiß nicht, was tun: Wäre es in Ordnung, sich auf diesen Mann einzulassen? Wäre es korrekt, sich zurückzuziehen, um ihn nicht weiter sexuell zu frustrieren?

Ihr erster Traum, in dem der Nachbar eine besondere Rolle spielt:

TRAUM

Ich wandere gemeinsam mit einer Begleitung den Berg hinauf zu meinem Nachbarn, der sich auf einer Berghütte befindet. Als ich oben ankomme, gibt er mir kurz einen Kuss, ist aber gerade mit seiner Ex-Partnerin sehr in die Herstellung von Puppen vertieft. Einer davon näht er gerade einen Zopf an. Die beiden sind total in ihre Arbeit versunken, wissen aber noch nicht, wie sie die Puppen verkaufen werden.

Ich kann da sein, störe nicht, mehr aber auch nicht. Der Freund der Ex-Partnerin ist auch da: ein abgemagerter, kleinwüchsiger Mann, fast eine »Hungerleiche«. Es ist klar, dass sie zu diesem Mann gehört. Ich bespreche die Situation mit meiner Begleitung.

Die ersten Eindrücke der Träumerin gehören zu Orientierungspunkt 7 (Gefühle) sowie Orientierungspunkt 5 (Wichtige Lebensthemen): »Ich vermute eine starke Verbindung zwischen ihm und mir. Der Traum gibt mir aber das Gefühl, dass die Sexualität zwischen uns keine Rolle spielen wird. Und das heißt für mich: Ein wichtiger Teil von mir bleibt außerhalb dieser Verbundenheit.«
Sie selbst ordnet den Traum unter das für sie seit einiger Zeit grundlegende Thema Sexualität, die sich entwickelnde Beziehung und ihr fehlendes sexuelles Verlangen. Klar sind für sie auch die guten Gefühle, die sie im Traum für ihren Nachbarn empfindet.

Gegenwärtige Lebensthemen Die ersten Einfälle zeigen, dass die Träumerin den Traum im Zusammenhang mit den offenen Fragen rund um die Beziehung mit ihrem Nachbarn sieht. Interessant ihre erste Reaktion: »Ich vermute eine starke Verbindung zwischen ihm und mir.« Das heißt, ganz sicher ist sie sich nicht. Offen ist, ob sie sich eine starke Verbindung wünscht. Ein Hinweis aus ihrem Traum: Sie hat sich auf eine Bergwanderung gemacht, das heißt, einige Anstrengung auf sich genommen, um ihn zu treffen. Die Anhaltspunkte aus dem Alltag sind eher verwirrend. Ob die Traumerzählung hier etwas erhellt?
Ihre weiteren Überlegungen führen sie zum Thema Sexualität und Ihre fehlende Lust auf Sex mit ihm. Sie stellt dabei bereits eine Diagnose für diese Beziehung – nämlich dass

ein wichtiger Teil von ihr dann ausgeschlossen ist. Die zentrale Frage der Träumerin im Alltag ist deshalb: Welchen Stellenwert soll dieser Kontakt in ihrem Leben künftig einnehmen? Vieles spricht dafür, ihre klare Reaktion jedoch, was die Sexualität mit diesem Mann betrifft, deutlich dagegen. Viele Punkte pro, ein gewichtiger contra – die Träumerin befindet sich im Patt.

Die Szenerie Der Nachbar beachtet sie kaum und ist mit seiner Ex-Partnerin beschäftigt. Diese Darstellung verblüfft, da für die Träumerin die Begegnungen mit ihm im Alltag anders ablaufen – zumindest, wie sie es bisher erlebt hatte. Kaum beachtet zu werden steht auch im Widerspruch dazu, dass sie eine starke Verbundenheit zwischen ihnen vermutet hat. Die Diskrepanz ist wichtig. Der Traum wählt folgende Bilder, um die Art ihres Kontakts zu beschreiben: Als sie ihren Bekannten trifft, ist sie für ihn zwar anwesend, er beachtet sie aber nach einer kurzen Zärtlichkeit nicht weiter. Aufmerksames Reagieren eines Freundes oder möglichen Partners sieht anders aus. Zu vermuten ist, dass sie sich die Reaktionen eines Mannes, der sich selbst als ihr potenzieller Liebespartner sieht, interessierter vorstellt.
Dazu passt das weitere bemerkenswerte Detail: Er ist intensiv mit seiner Ex-Partnerin beschäftigt. Die beiden gehen gemeinsam einer Tätigkeit nach, die auch Gelderwerb ermöglichen könnte – das heißt, sie widmen sich einem Projekt, das existenziell bedeutsam ist; es kann dem Lebensunterhalt dienen. Die Träumerin beobachtet, dass beide darin ganz vertieft sind. Und dass sie selbst dabei keine Rolle spielt.

Der Traumbericht und der Blick von außen Details, die den eigenen Erwartungen und Wünschen zuwiderlaufen, hält man mit möglichst nüchternen Beschreibungen fest. Das ist besonders schwierig, weil der Sachverhalt des Traums nicht mit den eigenen Wünschen und Hoffnungen übereinstimmt. Es kann passieren, dass man sich beim Notieren dabei ertappt, wie man unangenehme Details zu schönen beginnt. Auch dieses Bedürfnis zu registrieren hilft später klarer zu sehen. Das sachliche Protokollieren der Beobachtungen ist nicht zuletzt auch ein zentraler Schritt, um nicht vorschnell Schlussfolgerungen zu ziehen. Denn manchmal diktieren gerade auch eigene Sehnsüchte oder Ängste und Befürchtungen ein Fazit, das bei nüchterner Betrachtung gar nicht zu den Traumbildern passt. Umso lohnenswerter ist es daher, hier sorgfältig vorzugehen.

Die Szenerie Die beiden früheren Partner basteln Puppen. Was verbindet die Träumerin mit dem Thema »Puppen«? Bedeuten sie ein kindliches Spiel, mit dem man die Welt der Erwachsenen erprobt? Oder dienen Puppen für sie vor allem dazu, Theater zu spielen? Vielleicht denkt sie dabei daran, »die Puppen tanzen zu lassen«, im Sinne von »lustvoll Dinge groß in Bewegung zu setzen«? Was auch immer die Analyse im Detail ergibt – die Träumerin hat dabei nur die Rolle einer Zuschauerin.
Auch das Bild vom Zopf, der angenäht wird, lohnt einen genaueren Blick. In unserem Sprachgebrauch steht der Zopf oft in Zusammenhang mit der Eigenschaft »alt«, etwa beim Ausdruck »ein alter Zopf wird abgeschnitten«, das heißt, etwas Überholtes wird zu Ende gebracht. Hier aber wird ein neuer angenäht. Zwar ist der Träumerin im

Alltag klar, dass die Beziehung der beiden früheren Partner zu Ende ist. Auffallend ist aber, wie sehr beide in eine gemeinsame Aktivität vertieft sind. Die aktuellen offiziellen Freunde sind nur Randfiguren – einerseits die Träumerin, die zwar nicht stört, aber auch keine Rolle spielt, andererseits der neue Partner der Ex-Freundin, der als kleines verhutzeltes Männlein, als eine »Hungerleiche« erscheint.

Spiel mit der Sprache Der Begriff, der der Träumerin für den offiziellen derzeitigen Partner der Ex-Freundin in den Sinn kommt, ist bezeichnend: Eine »Hungerleiche« ist de facto eine bereits an Hunger verstorbene Person. Vor diesem Hintergrund lebt die Frau gemäß Traumbild also gar nicht mehr in einer neuen Partnerschaft, sondern ist bereits wieder solo. Auf unterschiedliche Art sind die beiden jeweiligen aktuellen Partner Randfiguren: der eine kurz vor dem Sterben oder bereits tot, die Träumerin selbst eine unbeachtete Figur außerhalb des Geschehens. Wer im Traum tatsächlich gemeinsam aktiv ist und in Verbindung steht, das sind der Nachbar und seine Ex-Partnerin.

Aktuelle Alltagserlebnisse Auch hier herrscht eine Diskrepanz zwischen der Einschätzung im Traum und dem Wissen der Träumerin im Alltag, dass die beiden früheren Partner nicht mehr zusammen sind. Im Wachleben geht sie daher davon aus, dass diese Liebesbeziehung vorbei ist. Die farbige Traumszenerie spricht eine andere Sprache – sie stellt sie als aktiv und lebendig dar. Und der neue Partner der Ex-Freundin scheint nur eine kümmerliche Schattenexistenz zu führen.

Fazit Dieser erste Traum illustriert, wo sich die Beziehung der Träumerin zu ihrem Nachbarn gerade befindet. Das Motiv der Bergwanderung legt nahe – da eine solche deutlich mehr Energie braucht als etwa ein Spaziergang –, dass es die Träumerin einige Anstrengung gekostet hat, in diese Verbindung zu kommen. Deutlich wird aber auch, dass ihr neuer Bekannter seine Aufmerksamkeit einem anderen Kontakt zuwendet.

Der zweite Traum findet etwa eine Woche später statt:

TRAUM

Mit einer Gruppe Menschen mache ich mich vom Treffpunkt auf zum Schokoladenmuseum. Ich vergesse dort meinen Mantel mit dem Portemonnaie. Ich schaue mir die Schokolade hinter den Glasscheiben an. Am Schluss bin ich alleine, die Gruppe ist weg, und ich habe kein Geld – Eintritt bezahlt man hier erst am Schluss. Ich bin erleichtert, als ich eine mir bekannte Nonne an der Kasse sehe – es ist meine ehemalige Französischlehrerin von der Klosterschule –, und so vermute ich, dass sie mir wohl trotzdem den Ausgang ermöglicht.

Gegenwärtige Lebensthemen Dieser Traum vom Schokoladenmuseum zeigt anschaulich, wie wichtig es ist, den Kontext zu kennen, in dem sich die träumende Person mit ihren inneren Auseinandersetzungen befindet und wie sie selbst den Inhalt des Traums einordnet. Das Thema Schokolade an sich lässt – wie natürlich alle anderen Traumbilder auch – viele Verbindungen in ganz unterschiedliche Richtungen zu. Die Träumerin aber stellt sofort einen Zusammenhang zu dem für sie aktuellen Thema her, der Beziehung zum Nachbarn. Sie schildert: »Ich bringe diesen Traum mit meinem Bekannten in Verbindung. Wieder komme ich zu der Vermutung, dass es für uns zwei das Erleben der Sexualität nicht gibt.«

Die Szenerie Die Träumerin stellt fest: »Schokolade liebe ich, probiere leidenschaftlich gern neue Sorten aus und experimentiere auch beim Kochen und Backen damit. Dass ich im Museum die Schokolade nur anschauen darf, das weckte keine negativen Gefühle in mir, ich hatte auch keinen Appetit darauf. Der Museumsbesuch war einfach interessant.«

Gegenwärtige Lebensthemen Für die Träumerin ist klar, dass sie seit Längerem mit einer offenen Frage beschäftigt ist und nicht weiß, wie sie sie lösen soll: »Wie geht es weiter mit dem Nachbarn?« Sie fragt sich aufgrund des Traums nun: »Ist das Bild der Klosterfrau ein Hinweis, dass ich Trost im vertrauten Gespräch mit Leuten aus dem Kloster suchen soll?« Einfälle zu den weiteren Elementen des Traums liefern ergänzende Hinweise.

Die Szenerie Das Bild vom Schokoladenmuseum ist eine kreative Kombination, um die aktuelle Situation der Träumerin darzustellen. Der unmittelbare Gedanke der Träumerin selbst dazu war, ihre Lust und Freude an Schokolade mit ihrer Lust auf Sexualität und ihrer Freude daran gleichzusetzen. Damit liefert sie einen zentralen Hinweis, der auch Licht auf das Bild vom Museum wirft. Es legt den Gedanken nahe, dass der Genuss sexueller Erlebnisse etwas ist, das die Träumerin zurzeit nur aus der Erinnerung kennt. Sie hat solche Köstlichkeiten zwar im Blick –

im Traum der Blick in die Schaukästen mit der Schokolade –, all das ist für sie aber gerade nicht greifbar. Sie kennt es nur aus der Vergangenheit – repräsentiert mit dem Bild vom Museum, einem Haus, das dazu da ist, denkwürdige Erinnerungen zu bewahren.
Damit erhärtet sich die Vermutung, dass sie den Nachbarn aktuell wie folgt erlebt: Er ist zwar ein »leckerer« Anblick, aber irgendwie, was das »genussvolle Verschmelzen« betrifft, ist er für sie nicht zugänglich. Die offene Frage der Träumerin deutet an, dass sie darunter leidet und Trost bräuchte. Ohne Sexualität in einer Liebesbeziehung käme ein wichtiger Teil ihrer Persönlichkeit nicht zum Zug. Der Preis wäre zu hoch.

Zwischenfazit Der Traum schildert den momentanen Zustand ihrer aktuellen Erfahrungen. Das Bild vom Museum beschreibt nichts, was auch die Zukunft schicksalhaft festschreiben würde. Im Gegenteil! Sexualität ist für die Träumerin nicht Geschichte hinter Glas, sondern da kommt noch was. Ihr Traum beschreibt: Sie verlässt das Museum.
Der erste Traum deutete darauf hin, dass die Ex-Freundin für den Nachbarn noch eine gewichtige Rolle spielt. Dieser Umstand könnte die Träumerin wesentlich beeinflussen, vorsichtig zu sein und sich innerlich nicht zu engagieren.

Die Szenerie Zugang zur Schokolade – und zu vergleichbar angenehmen Erlebnissen –, so sagt ihr Traum, gibt es, wenn sie aus dem Museum, aus der Welt der Erinnerungen, geht. Das ist der Zugang zu neuen Erfahrungen. Dort sind dann die Köstlichkeiten erreichbar und nicht mehr durch eine Scheibe getrennt. Den Eintritt dorthin kann sie sich, laut ihrem Traum, übrigens nicht erkaufen. Es ist ihre frühere Lehrerin für Französisch, die ihn ihr eröffnet. Sie ist es, die diese Tür aufmacht. Oder auch, wie es die Schweizerdeutsch sprechende Träumerin ausdrückt: Es ist die Lehrerin, die ihr »den Ausgang ermöglicht«. In dieser Formulierung steckt ein Wortspiel, »Ausgang« heißt im Schweizer Dialekt auch: »das Ausgehen, um sich zu entspannen, zu amüsieren und dort vielleicht auch jemanden kennenzulernen«.

Weitere Einfälle zu dieser freundlichen Nonne, die Französisch unterrichtet, erhellen zusätzlich Zusammenhänge. Das Motiv »Klosterfrau« wird landläufig mit einem Leben ohne Sexualität in Verbindung gebracht. Daher rührt wohl unter anderem auch die Vermutung der Träumerin, dass für sie und ihren Nachbarn keine sexuellen Erlebnisse vorgesehen sein könnten. Diese Befürchtung verbindet sich mit einer ihrer zentralen Erfahrungen: Es hatte sie viel Einsatz gekostet, sich lustvolle sexuelle Erlebnisse zu gestatten. Befürchtungen und reale frühere schwierige Erfahrungen – diese kritische Mischung führt oft zu vorschnellen Schlussfolgerungen. Es lohnt sich dann besonders, wie auch in diesem Fall, der Blick auf die beschriebenen Details. Die Klosterfrau im Traum weist eine interessante Eigenschaft auf: Sie unterrichtet Französisch. Die französische Lebensart, das Savoir-vivre, wird mit Freude an Sinnlichkeit, erotischem Flair, schönen Dingen und allgemein mit der Liebe in Verbindung gebracht. Das Bild der Klosterfrau legt daher nicht nur die Assoziation an ein Leben mit Idealen, Spiritualität und Wertvorstellungen nahe, sondern die Alltagserfahrung der Träumerin ist: Diese spezielle Person, eine Klosterfrau und zugleich ihre Französischlehrerin, brachte sie in Kontakt mit dieser Sprache, die nicht zuletzt auch für Sinnlichkeit, kultivierten Genuss, kurzum auch für erotische Kultur steht. Diese Erfahrungen versinnbildlicht die Nonne für sie. Sie ermöglicht damit den Eintritt in die reale alltägliche Welt, in der alles wieder greifbar ist, auch die Sexualität.

Träume als Denkanstoß

Träume, die uns im Gedächtnis bleiben und uns fesseln, egal, ob sie als unsanfte »Rempler« oder als freundliche Überraschung daherkommen, können uns anregen! Sie aufmerksam anzuschauen, gedanklich den nächtlichen Bildern und Formulierungen noch etwas nachzuhängen, verhilft, eine bisher ungewohnte Sicht in Betracht zu ziehen und manchmal sogar auch eine ganz neue Richtung einzuschlagen. Eindrücke werden nachts durchgesehen, verglichen und kombiniert. Damit erweitern wir ständig unsere Sichtweise, verlassen so – manchmal unmerklich – die vertraute Spur, bis plötzlich eine neue Vorgehensweise auf der Hand liegt.

Reisen im Traum

Die Tatsache, dass das Leben ein sich ständig verändernder Prozess ist, bilden Träume auf unterschiedlichste Weise ab – einer der Klassiker ist das Bild vom Reisen und seinen Tücken. Einige Träume zu diesem Thema sollen nochmals veranschaulichen, wie scheinbar fast gleiche Bilder je nach Kontext völlig unterschiedlich zu verstehen sind. Facettenreich bringen sie die tagtägliche Herausforderung auf den Punkt, wie das Verarbeiten der ständig eintreffenden Sin-

nesreize manchmal ins Stocken gerät und was es braucht, damit der Alltag wieder entspannter und erfreulicher weitergehen kann.
Vielleicht kennen Sie das auch aus Ihren Träumen: Man will los, aber kommt einfach nicht weg. Oder ähnlich nervenraubend: Man ist zwar unterwegs, landet aber immer wieder auf Wegen oder in Verkehrsmitteln, die einfach an kein Ziel zu führen scheinen. Die verschiedenen Träume zum Thema Reisen sollen Ihnen nochmals das Grundprinzip verdeutlichen, welche Gedanken die nächtlichen Traumbilder ausdrücken und konzentriert zusammenfassen. Das Bild vom Reisen erscheint mir nicht zuletzt auch deshalb reizvoll, weil es ein Bild ist, das uns in Bewegung zeigt – ebenso wie wir uns in konstanter innerer Bewegung mit unseren gedanklichen Lernprozessen befinden, mit denen wir die Welt erfassen. Wir verändern uns ständig, was unsere inneren Bilder und unsere Gedanken aufzeichnen und darlegen. Bevor wir unsere Übungsreise mit dem konkreten Betrachten einiger Reiseträume starten, beginnen wir diesmal mit dem Sammeln von Einfällen zu diesem zentralen Thema.

Die Szenerie Wer reist, verändert seine Position. Reisen, so definiert es der »Duden«, ist die »Fahrt zu einem entfernteren Ort«. Wer von zu Hause aufbricht, verlässt mit der Reise das Vertraute. Das bringt Ungewissheit mit sich – je nach Situation ist es Anlass für ein freudiges Kribbeln im Bauch oder, wenn die Reise gefährlich ist und die Richtung unklar, Auslöser für Angst und Sorge. Je nach Reisegrund und -ziel gelangt man damit auch an Orte, die man noch nicht kennt. Auf einer Rückreise kehrt man wieder in bekanntes Gebiet zurück.

Wir Menschen sind vom Typ her verschieden. Manche reisen ausgesprochen gern, es kann für sie gar nicht oft und weit genug gehen, gar nicht abenteuerlich genug sein. Für diese Leute ist es ein Lebenselixier, unterwegs zu sein und immer wieder Neues zu entdecken. Andere wiederum freuen sich daran, im vertrauten Rahmen zu verweilen. Reisen ist für sie nicht nötig, sondern allenfalls eine Pflicht, wenn die Umstände es erfordern.

Die Reise ist seit Langem zu einem Sprachbild geworden. Wir reden von der »Reise in die Vergangenheit«, wenn wir uns erinnern. Oder davon, dass ein Fußballer mit einem langen Pass seinen Mitspieler »auf die Reise schickt«. »Die letzte Reise antreten« steht dafür, dass jemand im Begriff ist zu sterben. Auch mit dem Einsatz von Drogen kann man sich »auf die Reise schicken«, was in dem Fall bedeutet, sich in einen außergewöhnlichen Bewusstseinszustand zu versetzen.[14]

Die Erfahrungen, die das Thema Reisen abruft, sind sehr unterschiedlich. Welcher Typ Sie wohl sind? Je nachdem, wo Sie sich selbst positionieren, liegt für Sie auf der Hand, welches Grundgefühl in Ihnen angesprochen wird, wenn Sie sich in einem Reisetraum wiederfinden. Zu den allgemein gültigen Zusammenhängen gehört: Reisen ist gleichzusetzen mit Unterwegssein. Die eigene Position verändert sich dabei. Die Dinge sind im Fluss, bei manchem ist noch nicht absehbar, wie es sich entwickeln wird.

Es ist daher nicht überraschend, dass man das Reisen oft als Bild für das Leben selbst verwendet. Wir sprechen, wie bei einer Reise, von der »nächsten Etappe«, wenn ein neuer Lebensabschnitt beginnt. Wir reden davon, endlich »angekommen zu sein«, wenn wir das Gefühl haben, dass eine Situation mit einem Mal wirklich zu uns passt, wie etwa

eine gelingende Partnerschaft oder eine Arbeitsstelle, die genau den eigenen Fähigkeiten entspricht.
Reiseträume liefern daher interessante Hinweise, wie man gerade im Leben »unterwegs« ist. Dabei geben die Details Aufschluss, erst mit den für Sie wichtigen Einzelheiten wird es ergiebig. Vergleichen Sie bei den Beispielen, wie ein und dasselbe Thema ganz unterschiedliche Aspekte hervorhebt. Da Träume ja vielschichtig und untrennbar mit den Erfahrungen der träumenden Person verbunden sind, wird eine Betrachtung von außen immer unvollständig sein. Ohne Kenntnis der aktuellen Lebenssituation und des Erfahrungskontexts der träumenden Person kann man sich nur ungefähr annähern. Welche Schwerpunkte die Träumerin oder der Träumer setzen würde, wird nur manchmal und dann auch nur ansatzweise erkennbar. Dennoch ist die Bildersprache beredt. Wiederum ohne Anspruch auf Vollständigkeit skizziere ich im Folgenden mögliche Herangehensweisen.
Folgende Fragen können Sie als Leitlinie nutzen, wenn Sie gerne »mittüfteln« möchten:

- Was sehen Sie bei jedem Traumbericht als den besonderen Aspekt?
- Es ist das immer gleiche Thema – wo sehen Sie die Unterschiede?
- Was ist für die träumende Person im Traum dominant?

Die Koffer nicht gepackt

Eine 50-jährige Träumerin geht nachts immer wieder auf Reisen, nur kleine Details variieren jeweils in ihren Träumen. Sie berichtet:

TRAUM

Entweder breche ich dann im Traum zu einer Reise auf oder bin gerade dabei, wieder von irgendwo abzureisen – aber nie habe ich es geschafft, meinen Koffer fertig zu packen. Ich muss dringend los, sonst verpasse ich den Zug oder das Flugzeug. Dann rede ich mir im Traum gut zu und beruhige mich selbst, indem ich mir sage: »Diese Dinge sind nicht so wichtig. Ich kann auch ohne sie los.« Dann erwache ich.

Für die Träumerin sind diese nächtlichen Bilder lästig und unangenehm. Sie zeigen sie unter Druck und nicht bereit für das, was ihr nächstes Vorhaben wäre. Auch ihre Ideen zu diesem wiederkehrenden Traum deuten darauf hin, dass sie merkt, dass hier etwas nicht im Lot ist. Ihr fällt ein: Im Alltag ist sie oft etwas knapp dran. Sie gerät häufig unter Termindruck und erscheint zu Verabredungen eher in letzter Minute. Daher fragt sie sich, ob hier ein Zusammenhang besteht.

Gegenwärtige Lebensthemen Die Träumerin erkennt ein typisches Alltagsverhalten wieder: Sie ist tatsächlich eher eilig und mit wenig Zeitreserven unterwegs. Mit diesen ersten Ideen schlägt sie bereits eine Richtung ein, in welchem Bereich die Anregungen zu suchen wären, die diese Träume bieten. Sie könnte sich fragen: Woran liegt es, dass sie unter Zeitdruck gerät? Legt der Traum eine Vorgehensweise nahe? Das hilft, die weiteren Bilder genauer unter die Lupe zu nehmen.

Die Szenerie Die Träume zeigen sie jeweils in aufwendige Vorbereitungen verwickelt, die kein Ende nehmen –

wie das Bild vom Kofferpacken, das nie fertig wird. Diese Szene kann sie unmittelbar in den Alltag übersetzen: Es klappt nicht, Vorbereitungen zügig zu treffen. Dadurch gerät sie, wie der Traum weiter beschreibt, in Gefahr, auf ihrem Weg hängen zu bleiben. In welchen Situationen passiert ihr das im Alltag, vielleicht, weil sie sich an Details und ganz allgemein an den Dingen zu sehr aufhält? Das führt zu weiteren Fragen: Ist sie meist in ihren Aktivitäten zu gründlich, vielleicht fast perfektionistisch unterwegs? Erwartet sie von sich selbst, überall möglichst gewissenhaft vorbereitet zu sein? Gab es bereits Momente in ihrem Leben, wo sie merkte, sich damit selbst im Weg zu stehen?

Interessant ist nun, bei welcher Erkenntnis sie im Traum landet: Dort weiß sie, dass die aufwendige Art ihrer Vorbereitungen für ihre Unternehmung gar nicht notwendig ist und dass sie auch ohne diese zurechtkommt. Sie kann sich selbst gut zureden und Entwarnung geben. Im Traum findet sie die Lösung, wie dem Stress beizukommen ist: Weniger ist mehr.

Dieser Reisetraum befasst sich offensichtlich mit der Thematik, dass zu viel Vorbereitung blockiert. Der sich wiederholende Traum deutet allerdings an, dass diese Erkenntnis bei der Träumerin im Wachleben noch nicht ganz angekommen ist. Interessanterweise neigen wir oft dazu, wenn sich etwas sperrt und nicht so funktioniert, wie wir es gerne hätten, unsere Anstrengungen zu verdoppeln und verstärkt auf die gleiche Weise zu versuchen, die Sache in den Griff zu bekommen. Auch die Träumerin reagiert so: Als Strategie, um diese Träume endlich loszuwerden, hat sie im Alltag nun damit begonnen, jeweils noch früher zu packen. Diese Reaktion ist klassisch: Bevor wir eine Strategie verwerfen, wenden wir sie oft noch intensiver an, bis wir endlich erkennen, dass diese Strategie selbst das Problem ist.

Gegenwärtige Lebensthemen Es stellt sich die Frage: Welche ihrer Verhaltensweisen im Alltag führen dazu, dass sie in Zeitdruck gerät und nicht zu dem kommt, was sie eigentlich vorhat? Wo ist sie in Gefahr, Wesentliches zu verpassen? Im Wachbewusstsein ist ihr noch nicht klar, dass ihre bisherige Art, die Dinge im Alltag anzupacken, nicht sinnvoll ist. Konkret zeigt sich das daran, dass sie aufgrund dieser sich wiederholenden Träume ihre Reisevorbereitungen sogar noch intensiviert hat. Eine Seite in ihr scheint aber mit der bisherigen Vorgehensweise nicht zufrieden zu sein. Ihre Träume fordern sie jedenfalls wiederholt zu einem Positionswechsel auf. Denn hier weiß sie, sie will sich nicht vom Wesentlichen abhalten lassen. Im Traum erkennt sie glaskar: Das, was sie abhält, sind Nebensächlichkeiten. Anderes ist entscheidend.
In den Alltag übersetzt: Was hält sie bisher ab von für sie Wesentlichem? Was erachtet sie als wesentlich für ihr Leben? Ihre Träume zeigen, dass sie sich nicht von ihren Zielen abbringen lässt, und sie beschreiben, welches Vorgehen nötig ist, um diese zu erreichen: Weniger akribische Vorbereitung, weniger Ballast – es geht für sie darum, unterwegs zu sein.

Die Bahn verpasst

Ein ganz ähnliches Thema beschäftigt diese Träumerin seit vielen Jahren. Der Traum, der immer wiederkehrt, belastet sie tagsüber jeweils sehr.

TRAUM

Ich will in die Ferien fahren oder nach Hause zurück. Das klappt aus verschiedenen Gründen überhaupt nicht. Entweder finde ich vieles nicht, was ich mitnehmen muss, wie zum Beispiel eine Socke oder eine Person. Manchmal scheitert es auch, weil der Bus oder die Bahn abfährt. Dort anzukommen, wo ich hin will, gelingt mir nie.

Auch hier kommen Vorbereitungen in die Quere. Der genaue Blick zeigt aber, dass hier eine andere innere Thematik angesprochen ist als im vorhergehenden Traum. Die Hauptperson wird durch folgende Erfahrung zermürbt: Das, was sie zu erreichen versucht – hier umschrieben mit »Ferien« oder »nach Hause« – gelingt ihr nicht. Immer wieder wird sie blockiert, und diese Erfahrung teilt sie mit der Träumerin des vorherigen Traumbeispiels. Besondere Erwähnung findet hier jedoch auch das Ziel, das sie bisher noch verfehlt. Auch was sie blockiert, gilt es genau zu untersuchen. Dieses erste Fazit über den Grund für ihren Stress leitet über zur Frage nach den Erfahrungen im Alltag. Doch beginnen wir mit dem Aspekt »Reiseziel, das sie nicht erreicht«.

Die Szenerie Das Bild von der Ferienreise oder der Rückkehr aus den Ferien dient hier für die Träumerin als Illustration für ihre Erlebnisse mit blockierten Vorhaben. Um nun herauszufinden, in welchem Bereich die vom Traum angedeuteten Schwierigkeiten liegen, können die Einfälle zu den zentralen Bildern des Traums weiterhelfen. Wesentliche Stichworte sind: Es sind spezielle Reisen, die genannt werden, nämlich Ferienreisen oder die Rückkehr

davon. Blockiert wird die Träumerin, weil sie dafür Notwendiges nicht findet.
Je nachdem, was Ferien für sie bedeuten, tippt dieses Stichwort unterschiedliche Themen an, die für sie gerade wichtig sind. Geht es darum, sich zu entspannen und aufzutanken? Oder holt sie sich in den Ferien neue Anregungen und Gelegenheiten zur Horizonterweiterung? Trifft sie Menschen, die ihr viel bedeuten? Oder ist es eine Zeit, in der sie vor allem schätzt, dass sie allein bestimmen kann, was sie tun will? Es gibt hier also völlig unterschiedliche Erfahrungsbereiche, die durch den Begriff »Reise in die Ferien« gemeint sein können. Da das Bild ihrer Art der Ferien die Situation darstellt, kann die Träumerin direkt übersetzen: Was ich gerade möchte und brauche ist das, was ich mit einer Ferienreise verbinde: Entspannung/Auftanken/Horizonterweiterung/endlich wieder meine Lieben treffen/endlich wieder mal ganz allein bestimmen, wo es langgeht.
Kurzum: Die Träumerin will sich in eine Richtung aufmachen, die ihr Bilderfundus für sie mit dem Begriff »Ferien« oder – eine weitere Facette, die diese Träume ins Spiel bringen – mit »nach Hause zurück« auf den Punkt bringt. Auch zum Thema »Rückreise aus den Ferien« benötigt sie Einfälle. Mit einer solchen Sammlung von Ideen wird die Absicht der Reisenden deutlich, wohin sie im übertragenen Sinn will, was sie gerade im Alltag erreichen möchte, wenn sie sich Richtung »Ferien« oder »nach Hause« begibt. Bisher klappt das allerdings nicht, wie ihr die sich wiederholenden Träume mitteilen.

ABC... **Spiel mit der Sprache** Was sie jeweils blockiert, beschreiben die Traumbilder folgendermaßen: Sie sieht sich aufgefordert, »etwa eine Socke oder eine Person« mitzunehmen, die sie aber nicht findet. Die Aufzählung überrascht. Socke und Person sind in einem Atemzug genannt. Normalerweise findet eine Person nicht wie eine Socke in einem Koffer Platz, umgekehrt ist eine Socke auch keine Person. Es sei denn, wir nehmen auch hier Wortbilder zu Hilfe. So nennt man umgangssprachlich jemanden salopp eine »lahme Socke«, wenn er auffallend langsam oder umständlich unterwegs ist. Oder wir reden davon, sich »auf die Socken zu machen«, wenn man aufbricht.

Wofür die Socke in der Erfahrungswelt der Träumerin steht, wird daran erkennbar, welche Umschreibungen und Verbindungen ihr zuerst in den Sinn kommen. Je nachdem, was sie mit dem Begriff »Socke« verbindet, bekommt sie Hinweise, wodurch sie aktuell aufgehalten wird. Ganz allgemein kann sie sich andererseits auch konkret vergegenwärtigen, welche hinderlichen Faktoren ihren Alltag gerade erschweren, kurzum, was es ist, das sie von ihren jeweiligen Vorhaben abbringt.

Die Szenerie Falls es eine ganz bestimmte Person aus ihrem Alltag ist, die im Traum nicht aufzufinden ist, können die Eigenschaften, die sie ihr zuordnet, weitere Informationen geben. Was oder wer hält sie ab, das zu tun, was ihr guttut? Oder, wenn die Socke fehlt, kann sie sich nicht »auf die Socken machen« – das würde heißen: Was hält sie im Alltag ab, einfach in Richtung ihrer Bedürfnisse loszugehen und eine neue Position einzunehmen? Es stellt sich auch die Frage nach der Art ihrer Bedürfnisse. Manche sind nur zu erreichen, wenn man sich alleine aufmacht, für andere braucht man Weggefährten. Beide Varianten deuten darauf hin, dass das Umfeld »Socke oder Person« noch genauer zu betrachten ist.

Auch das Bild vom Nachhausefahren weist auf das Thema hin: Wie – allein oder gemeinsam – kommt sie an den Ort, wo sie sich wohl und sicher fühlt? Im übertragenen Sinn sprechen wir von »bei sich selbst sein«, wenn wir uns mit uns selbst im Einklang fühlen. Das Bild vom »Zuhause« im Traum kann eine solche Entsprechung sein. In der Regel fühlt man sich dort sicher und geborgen. Dorthin will die Reisende.

Aus unterschiedlichen Gründen will die Träumerin ihre Position verändern oder anders gesagt, persönliche Pläne in die Tat umsetzen, um – wie das Bild von den Ferien zeigt – etwas für ihre Erholung und ihr Wohlbefinden zu tun. Ihr Traum kommt hartnäckig auf das Thema zurück: Eine Verbesserung der Lage ist nötig. Welche Veränderungen braucht sie und will sie umsetzen, um sich wohl und »bei sich selbst zu fühlen«?

Reisen macht Stress

Die Träumerin, eine berufstätige Frau, 47 Jahre alt, hat schwierige Zeiten hinter sich, unter anderem eine Krebstherapie. Inzwischen fühlt sie sich aber insgesamt in ihrem Alltag wieder glücklich. Allerdings erwacht sie morgens häufig völlig erschöpft aus folgenden sich ständig wiederholenden nächtlichen Bildern:

TRAUM

In diesen Träumen bin ich immer auf Reisen und auch immer im Stress. Ich muss aus dem Zug steigen und mein Gepäck ist nicht bereit; ich muss zum Flughafen und der Bus kommt nicht; ich bin am Packen und sollte eigentlich schon weggehen …

In der Realität bin ich aber beim Reisen und Packen nicht gestresst. In den Träumen vermischt sich dann auch noch meine Arbeit damit – ich soll dann plötzlich auch arbeiten gehen und bin aber schon weit weg. Was sagen mir diese Träume?

Auch in diesem Traum scheint das Packen den weiteren Ablauf und damit die Träumerin zu blockieren. Und auch er schildert eine weitere Facette des Themas »Reisetraum«. Denn was sie verblüfft, ist, dass die nächtlichen Bilder sie auf eine Art beschreiben, wie sie sich selbst bei solchen Aktivitäten gar nicht kennt: Im Wachleben ist sie als Reisende weder gestresst noch überfordert. Sie weiß, dass Reisen für sie kein Problem ist. Hartnäckig aber schildern ihre Träume einen anderen Sachverhalt. Bei solchen Diskrepanzen zwischen Alltagserfahrungen und Traumbildern lohnt sich immer ein genauer Blick, für welches Thema das Bild eingesetzt ist.

Gefühle Ein möglicher Ansatzpunkt ist das vorherrschende Gefühl im Traum: Die Reisende ist unter Druck. Was also bringt sie unter Druck? Die Abläufe, die im Traum schiefgehen, zeigen: Einmal erfolgt die Ankunft schneller als erwartet und sie ist noch nicht bereit, ein anderes Mal, etwa am Flughafen, wartet sie wie bestellt und nicht abgeholt. Vieles läuft an ihr vorbei.

Das Bild vom Reisen skizziert: Die Träumerin ist unterwegs. Allerdings ist dort, wo sie sich aktuell noch befindet, für sie offenbar nicht mehr der richtige Ort. Dabei kommt es zu merkwürdigen zeitlichen Verschiebungen: Einmal ist die Träumerin, gemessen am Tempo der Umgebung, zu langsam, ein andermal läuft es genau umgekehrt – sie wartet vergeblich, denn man lässt sie stehen. Was sie aber im

Traum sicher weiß: Sie müsste eigentlich schon aus- oder umgestiegen sein.

Spiel mit der Sprache Hier ist der Doppelsinn von »aussteigen« oder »Umstieg« zu beachten: Die Träumerin müsste bereits auf der nächsten Etappe sein. Sie gehört inzwischen woanders hin. Ins Wachleben übersetzt ist es denkbar, dass sich ihre persönlichen Schwerpunkte und Interessen – gerade auch angesichts der früheren schweren Erkrankung – stark verändert haben. Aus bisherigen Bezügen ist sie ausgestiegen, hat einen neuen Blick auf das Leben gewonnen. Heute befindet sie sich ganz woanders als vor einigen Jahren.
Es ist, als ob diese Träume sie in einen Bereitschaftszustand versetzen: »Jetzt muss etwas gehen!« Die wiederkehrende Aufforderung oder Feststellung jedenfalls ist, sie sollte schon unterwegs sein. Dass sie sich noch in der bisherigen Position befindet, scheint nicht richtig zu sein. Weiterführen könnte hier ihre Antwort auf die Frage: Wo findet sie, dass in ihrem Alltag die Dinge noch beim Alten geblieben sind, in einem Zustand zum Beispiel, wie in der Zeit vor der Erkrankung?
Auch beim Thema Arbeit entsteht das gleiche Bild: Zwar gibt es von irgendwoher einen Anspruch an die Träumerin, sie sollte noch arbeiten. Was verbindet sie bisher mit Arbeit? Ist das für sie noch möglich oder verhindern es gesundheitliche Gründe? Erwartet sie so etwas von sich selbst – zu funktionieren wie früher? Ihr Traum formuliert, dass sie davon »schon weit weg« ist. Anders gesagt: Innerlich scheint sich bereits viel verändert zu haben, jetzt geht es für die Träumerin darum, diesen »Umstieg« Schritt für Schritt auch in ihren Alltag einzubauen.

Zum Zug eilen

Eine weitere Variation zum Thema »Stress beim Reisen« erlebt in ihren Träumen eine 42-jährige Frau, die sich im Wachleben ebenfalls ganz anders kennt, nämlich als versierte Reisende, die alles im Griff hat und gut organisiert ist. Seit ein paar Jahren träumt sie jedoch immer wieder Ähnliches:

TRAUM

Ich muss dringend zum Zug, Bus oder Flughafen hasten, weil ich spät dran bin. Ob ich es schaffe, weiß ich nicht. Der Traum hört jeweils vorher auf.

Aktuelle Alltagserlebnisse und Gegenwärtige Lebensthemen Die ersten Einfälle der Träumerin kreisen jeweils um die Tatsache, dass sie im Alltag anders unterwegs ist. Sie weiß von sich, dass sie im Allgemeinen eher zu früh als zu spät dran ist. Hartnäckig aber wiederholen die Traumbilder die Aussage »spät dran«. Offen bleibt jeweils, ob sie »es schafft«. Das lässt die Frage zu: Versäumt sie in ihrem Leben etwas? Wo verpasst sie den Anschluss? Weiter könnte sie fragen: Was hat sie bisher noch nicht geschafft? Eines ist ihr im Wachleben klar: Beruflich und privat ist sie trotz ihres Alters noch nicht »angekommen«. Damit skizziert die Träumerin sofort ihre Einschätzung zur aktuellen Lebenssituation und es ergibt sich ein weiterführender Zugang, um den sich wiederholenden Traum zu verstehen. Tatsächlich kreisen die Situationen im Traum immer wieder um die Sorge: Sie ist spät dran. Der Zug könnte schon abgefahren sein.

ABC... **Spiel mit der Sprache** Umgangssprachlich verwenden wir das Sprachbild »der Zug ist abgefahren«, um darzustellen, dass etwas »verpasst« ist oder man in Gefahr ist, eine Sache nicht mehr rechtzeitig zu erreichen oder erledigen zu können. Ein unterschwellig vorhandenes Lebensgefühl kann damit angesprochen sein: die Befürchtung, etwas Wesentliches bereits verpasst zu haben.
Das Bild vom Reisen dient hier als Anregung, sich grundsätzlich zu fragen: Wo möchte ich im Leben gern hin? Was sind meine persönlichen Ziele? Was braucht die Träumerin, um sagen zu können, sie sei – wortwörtlich genommen – »angekommen«, was ihre grundsätzlichen Ziele, privat wie beruflich, betrifft? Dazu könnte sie unzensiert Lebensträume sammeln: Was wäre schön, im Leben noch zu verwirklichen? Wo stecken die Bedenken, Bisheriges zu verändern?
Solche umfassenden Fragen können einschüchtern. Dann ist es wichtig, sich kleine Zwischenetappen einzurichten, auf dem Weg hin zu einem großen Ziel. Scheinbar unwichtige Kleinigkeiten einmal eine Zeit lang bewusst anders zu handhaben als sonst, bricht die Routine auf und weckt so Neugier auf neue Seiten von sich selbst. Dabei geht es nicht um ein stures Training, sondern um kleine Experimente mit sich selbst – sich einfach mal gestatten, gedanklich und praktisch zu spielen und mit ganz kleinen Dingen anzufangen.

Nicht bereit für die Abreise

Dieser Traum verfolgt eine Frau seit mehreren Jahren:

TRAUM

Ich träume unter anderem immer wieder, dass ich mit meiner Familie in den Ferien bin. Jedes Mal, wenn es ums Packen für die Heimfahrt geht, fange ich zu spät an, den Koffer zu packen. Der Reisebus oder das Flugzeug stehen jeweils schon für die Abfahrt bereit und warten nur noch auf mich. Meistens kann ich dann nicht mehr alle Kleider etc. einpacken und erwache ganz erschöpft. Es passiert immer nur auf dem Rückweg!

Die Szenerie Diese Einfälle kamen der Träumerin zuerst in den Sinn: Der Reiseabschnitt, bei dem sich die Schwierigkeiten ereignen, betrifft immer die Rückreise. Ein weiteres typisches Detail, dem sie begegnet: Die Reisen, auf denen sie sich jeweils befindet, sind Familienferien. Damit ist eine besondere Thematik aus dem Spektrum »Ferien« ausgewählt. Da diese zwei Elemente der Träumerin besonders auffallen, kann sie hier mit ihren ersten Überlegungen ansetzen: Was verbindet sie mit Familienferien? Was kennzeichnet für die Träumerin diese Form der Ferien? Allgemein bezeichnet der Begriff eine Erholungszeit mit den nächsten Angehörigen. Insbesondere manche Mütter bezeichnen es vor allem als eine Phase zusätzlicher Arbeit. Wie definiert es wohl die Träumerin? Je nach Zusammenhang wirft das jeweils ein anderes Licht auf das Bild der Rückreise. Weiterführen kann für beide Reisedetails hier die Frage nach ihrer jeweiligen emotionalen Grundstimmung.

Gefühle Hier könnte sich die Träumerin annähern mit Fragen wie: In welcher Stimmung finden bei ihr Familienferien statt? Kann sie sie genießen oder eher nicht, weil diese für sie vor allem mit viel Kraftaufwand verbunden sind? Der Traum beschreibt die Familienferien als Ausgangspunkt der Reise. Anders gesagt: Das Bild der Familienferien ist eine Zusammenfassung für eine bestimmte Qualität von Erlebnissen. Solche Gefühle »wie die Familienferien« könnte sie durchaus auch im Kreis von Kolleginnen oder in anderen Zusammenhängen empfinden, etwa im Kontext Arbeitsplatz, wenn man dort von »Betriebsfamilie« spricht. Um die Ausgangslage der Träumerin genauer zu erfassen, wäre daher wichtig zu erfahren, was für sie Familienferien emotional beinhalten und wie sie diese in der Regel erlebt. Ist es eine harmonische, erholsame Etappe oder kostet sie mehr Kraft als sonst? Es kann sogar eine Zeit sein, in der sie weniger auf sich selbst und die eigenen Bedürfnisse achten kann. Zu klären wäre: Kommt sie während der Familienferien auch auf ihre Kosten? Oder ist es eine zwar befriedigende, erfreuliche Unternehmung, aber eine Phase, in der sie ständig im Dienst der anderen steht und ihre eigenen Bedürfnisse zurückstellen muss? Dieses Grundgefühl, das die Träumerin mit dem Begriff »Familienferien« verbindet, tippt der Traum mit dem Bild dieser Ferien an.

Weiter beschreibt der Traum: Ein Problem besteht bei der Rückreise nach Hause. Beim Erwachen ist ein Gefühl vorherrschend: Sie fühlt sich total erschöpft.

Die Szenerie und Spiel mit der Sprache Die Schwierigkeiten beginnen bei der Rückreise, das heißt auf dem Weg zurück zu sich nach Hause. »Bei sich (daheim) sein« oder »zu Hause sein« beschreibt im Idealfall einen Zustand, in dem man sich geborgen und wohlfühlt, mit sich selbst im Einklang. Die Frage ist hier: Wie wohl fühlt sich die Träumerin aktuell in ihrer Haut? Wie geht es ihr damit, auf sich selbst gestellt zu sein? Ihre hartnäckigen Träume weisen jedenfalls immer wieder darauf hin, dass in diesem

Bereich etwas schiefläuft, wenn es um die Frage geht, nach einer Etappe mit einer Gruppe (hier mit dem Bild der Familie bezeichnet) wieder bei sich selbst anzukommen.

Daran lassen sich weitere Überlegungen anschließen: Was kommt der Träumerin im Wachleben dabei in die Quere, wenn sie sich wieder mehr sich selbst widmen will? Irgendetwas blockiert sie, hält sie davon ab, nachdem nun »die Familie« an der Reihe war (das können auch andere Bereiche ihres Umfelds sein, wo sie sich »wie in Familienferien« fühlt), ihr eigenes Ziel zu erreichen – im übertragenen Sinn, zu sich selbst zu kommen.

Laut Traumbild gelingt es bisher nicht, von einer gemeinsamen Zeit mit Nahestehenden, die im geglückten Fall eine erfreuliche, angenehme ist, wieder den Übergang zurück in den eigenen Alltag zu finden, wo es um die persönlichen Aufgaben, aber auch die eigenen Bedürfnisse geht und darum, auch selbst »wieder zum Zug zu kommen«, wie unsere Alltagssprache so treffend formuliert.

Damit regen die Träume dazu an zu fragen: Was kommt der Träumerin jeweils in die Quere, wenn es um sie selbst geht? Wie viel Platz haben die eigenen Wünsche und Bedürfnisse derzeit überhaupt in ihrem Leben? Welche Abstriche und Kompromisse sind belastend? Die eigenen Bedürfnisse und die Ansprüche anderer verlangen ein ständiges Wechselspiel. Wer könnte dabei behilflich sein, besser zu unterscheiden zwischen den Wünschen und Ansprüchen der anderen und dem, was für die Träumerin selbst gut wäre? Und wie immer gilt: Auch große (Rück-)reisen beginnen mit dem ersten Schritt. Bereits kleine Veränderungen im Alltag führen zu einer neuen Dynamik und helfen, ganz allmählich weitere Ansatzpunkte für mehr Wohlbefinden zu entdecken.

Spezielle Träume

Aus Träumen erwacht, sieht man sich mit den verschiedensten Bedürfnissen konfrontiert: den Schrecken eines Albtraums abzuschütteln, die nächtliche Begegnung mit einem geliebten Verstorbenen zu verarbeiten, mehr über wundersame Dinge, die man in einem Klartraum erlebt hat, zu erfahren oder auch darüber, ob die Traumbilder etwa ein zukünftiges Ereignis vorhersagen. Solche besonderen Traumerlebnisse tippt dieses Kapitel an und zeigt an einigen Beispielen, wie sich diese Phänomene einstufen lassen und wie es gelingen kann, sich selbst auch mit solchen außergewöhnlichen nächtlichen Denkaktivitäten besser zu verstehen.

Albträume

Träume – notwendig für einen gesunden Organismus? Falls Sie zu den Menschen gehören, die häufig unter Albträumen leiden, werden Sie hier vermutlich Einspruch erheben. Träume sind für Sie dann etwas, wovor Sie sich fürchten. Denn als Albträume stören sie den Schlaf und darunter leidet die gesamte Verfassung. Schweißgebadet oder zitternd vor Angst aufzuwachen, das ist eine enorme Einbuße an Lebensqualität. Für den Organismus bedeutet es höchsten Stress, mit solch einem nächtlichen Schrecken konfrontiert zu sein. Wird es zum Dauerzustand, entsteht ein ernsthaftes gesundheitliches Problem allein deshalb, weil man sich im Schlaf nicht mehr erholen kann. Dazu kommt: Bereits tagsüber werden Sie in einem solchen Fall angespannt und voll Sorge sein, was nun nachts wieder auf Sie zukommen mag.

Die Ursachen von Albträumen

Folgende Ursachen können Albträumen zugrunde liegen:

- zu viele und/oder zu starke Außenreize, denen wir im Wachzustand ausgesetzt sind
- die Angst um das eigene Leben, um geliebte Menschen, um ein wichtiges Projekt, wegen existenzieller Fragen, wie Arbeitsverlust oder lebensbedrohlicher Ereignisse (z.B. Krieg, Krankheit, Folter)
- Angelegenheiten, die wir tagsüber in wesentlichen Punkten unvollständig/nicht korrekt einschätzen
- Seiten unserer Persönlichkeit, mit denen wir hadern und für die wir uns schämen
- bisher übersehene Eigenschaften von nahestehen-

den Menschen, Aspekte, die uns erschrecken oder belasten
- brachliegende Talente, persönliche Stärken, von denen uns gar nicht – oder nicht so recht – klar ist, dass wir sie besitzen
- Schicksalsschläge, die das eigene Leben ganz radikal verändern
- massive Überforderung durch zu hohe Anforderungen
- schwere seelische Verletzungen
- körperliche Störungen bis hin zu körperlichen Gewalterfahrungen
- etwas Neues, eine nächste Etappe unseres Lebens: Dazu genügt es, dass das Bevorstehende unbekannt ist und wir uns sorgen, was auf uns zukommt.

Albträume sind – so paradox das klingt – auch nützlich. Sie erzählen in Bildern, dass etwas aus der Balance ist. Es lohnt sich, wiederholt auftauchende Albträume zum Anlass zu nehmen, Korrekturen einzuleiten und sich selbst mitfühlend an die Hand zu nehmen, um sich wieder wohler zu fühlen. Damit nutzen Sie Albträume als konstruktiven Hinweis, sich um Ihre Gesundheit zu kümmern, sei es körperlich und/oder psychisch.

Wie wird ein Traum zum Albtraum?

Albträume bestehen oft aus ganz alltäglichen Geschichten, die es zunächst schwierig machen, den Kern des Schreckens zu erkennen und damit den Traum zu verstehen. Mit dem Grundprinzip der Orientierungspunkte betrachtet wird verständlich, worum es bei dem nächtlichen Schreck geht. Eine 55-jährige Frau berichtet:

TRAUM

Ich haste aufgelöst zum Bahnhof. Ich muss unbedingt in meine Heimatstadt, an den Ort, an dem ich geboren und aufgewachsen bin und wo auch meine Eltern noch bis zu ihrem Tod lebten.
Die Frau am Ticketschalter sieht mir meine Aufregung offenbar an. Sie signalisiert mir: »Immer mit der Ruhe! Das bekommen wir schon hin.« Ich verlange ein bestimmtes Ticket, nenne ihr dabei auch den Tag der Rückreise und mein Reiseziel. Sie hört meine Reise-Angaben und meint, da hätte sie für mich eine günstigere Lösung. Ich verstehe, dass sie mir ein preisgünstigeres Ticket anbieten will. Dann erwache ich total aufgewühlt und erschreckt.

Die Geschichte aus diesem Traum ist alltäglich. Sie enthält keinerlei schreckliche Szenen. Im Gegenteil. Es kommt sogar eine hilfsbereite, beruhigend einwirkende Schalterbeamtin vor. Dennoch erwacht die Träumerin mitten in der Nacht vor Schreck.
Auch Albträume sind bildliche Darstellungen von Denkprozessen, in diesem Fall von Ängsten. Auch solche Träume bieten eine Momentaufnahme dazu, was uns emotional umtreibt und belastet. Damit stellen sie uns – und das ist die gute Nachricht – ebenfalls wertvolle Daten zur Verfügung, die wir nutzen können, um uns wieder wohler in unserer Haut zu fühlen.
Aber was Albträume sicher nicht sein sollten: ein Normalzustand. Leider sind sie genau das für recht viele Menschen. Manche erleben dies so oft, dass sie gar nicht auf die Idee kommen, es könnte nicht normal sein. Regelmäßige Albträume zeigen bildlich, dass die betroffene Person

mit außerordentlich belastenden Zuständen zurechtkommen muss. Ein solcher Auslöser kann übrigens auch durch Substanzen bedingt sein, die der Körper tagsüber aufnimmt, wie Medikamente oder Drogen. Das abzuklären hilft, bei den entsprechenden Ursachen anzusetzen.
Um Albträumen auf den Grund zu gehen, gilt es, genau zu orten, was schmerzt. Was kennzeichnet solche Situationen im Alltag? Erfassen Sie dabei auch Momente, die Sie als »ohnehin nicht zu verändern« kategorisiert haben. Auch Aspekte, die Sie zwar als belastend, aber als »ist auszuhalten« einschätzen, liefern oft interessante Hinweise auf Zusammenhänge, die aus dem Lot sind.
Erst mit den Details im Blick, was das Unbehagen oder das erdrückende Lebensgefühl ausmacht, kann man sich im Alltag gezielt zur Wehr setzen. Loben Sie sich, wenn Ihnen Handlungen zur Selbstverteidigung gelungen sind. Je mehr Sie sich selbst zum Zug bringen und je besser die Verständigung mit anderen gelingt, desto eher ist zu vermuten, dass Ihre Träume Sie nicht mehr auf diese Themen hinweisen.

Umgekehrt ist die Auseinandersetzung mit belastenden Träumen, die tagsüber stattfindet, ein wichtiger Schritt, diese zu entschärfen, die Hintergründe zu verstehen und Erfahrungen einzuordnen.
Folgende Strategien haben sich bewährt:

- **Worte finden** für die nächtlichen Schrecken – eine solche Maßnahme kann helfen, sich von den überwältigenden Erlebnissen bereits ein kleines Stück zu distanzieren und einen ersten Überblick zu gewinnen.

- **Mitgefühl:** liebevoll mit sich selbst sein; Mitgefühl für sich selbst aufbringen.
- **Den eigenen Zustand der Besorgnis und Angst ernst nehmen und aktiv im Alltag nach Möglichkeiten der Entlastung suchen:** Dazu können bereits kleine erste Hilfestellungen wichtige Maßnahmen sein, wie z.B. nachts eine kleine Lichtquelle im Schlafzimmer brennen zu lassen, um die Angst vor dem Einschlafen zu verringern, oder Hilfsmaßnahmen mit Nahestehenden abzusprechen.
- **Die Angst detailliert herausarbeiten:** Was hat mich so erschreckt? Kenne ich diese Angst oder das belastende Lebensgefühl aus dem Alltag? Wenn ja, woher?
- **Alternativen überlegen:** Tagsüber für den Traum mit einer kleinen Geschichte oder einem eigenen Drehbuch eine neue Wendung schreiben – damit bringen Sie sich wieder in die handelnde Position. So teilen Sie sich mit: »Ich setze alle Hebel in Bewegung, die Position der Ohnmacht zu verlassen.«
- **Entspannungstechniken lernen,** wie z.B. Progressive Muskelrelaxation, Yoga etc.
- **Klarträumen lernen:** Dieses Vorgehen verlangt ebenfalls etwas mehr Training (siehe auch Seite 167ff.). In diesem Zustand weiß man, dass man träumt und kann, entsprechende Übung vorausgesetzt, den Ablauf selbst steuern.

Albträume wühlen auf, erschüttern, machen Angst. Wer davon betroffen ist, will diesen Missstand begreiflicherweise dringend und sofort abstellen. Einfach schlafen dürfen, das wäre es! Es fällt jedoch oft schwer, den Ausstieg aus diesen Zuständen zu finden. Dann liegt der Griff zu Schlafmitteln nahe. Zu bedenken ist dabei allerdings: Ein längerer Gebrauch solcher Substanzen, das heißt mehr als ein bis zwei Wochen, führt leider zu weiteren schweren gesundheitlichen Problemen (so die heutige medizinische Einschätzung) – bei chronischen Albträumen also kein empfehlenswerter Weg.

Jeder schreckenerregende Traum ist eine Aufforderung, besonders sorgfältig hinzuschauen und gut für sich zu sorgen. Gerade auch Albträume, die aufgrund traumatischer Ereignisse entstanden sind, werden durch die ständigen Wiederholungen zur beharrlichen Aufforderung. Die verschiedensten Maßnahmen sind nötig, um das verloren gegangene Vertrauen ins Leben und in selbstverständliche Abläufe wieder zurückzugewinnen.

Leitfragen (Orientierungspunkt 2) dazu sind:

- Was verschafft Entlastung und Erleichterung im Alltag?
- Was lässt aufatmen und zur Ruhe kommen?
- Wie lässt sich wenigstens in kleinen Momenten wieder Vertrauen gewinnen?

Das sind große Fragen – die Antworten brauchen aber keineswegs groß oder gar umfassend zu sein. Es geht um ein Vorgehen in kleinen und kleinsten Schritten, um ein Ausprobieren, um Versuch und Irrtum: Was kann dabei helfen, tagsüber Momente von Gelassenheit und Balance, von einem kleinen Lächeln und einem wacheren Blick zu erleben?

Was Albträume erzählen

Aus einem furchterregenden Traum aufzuschrecken, ist äußerst unangenehm. Auch wenn Sie vielleicht erleichtert feststellen: »Es war ja nur ein Traum!«, kann eine solche Erfahrung extrem verstören. Vor allem wenn Ihr Alltag ansonsten gerade ruhig und ohne besondere Ereignisse verläuft, Sie auch keinen konkreten Grund zur Besorgnis bezüglich nahestehenden Menschen haben, stehen Sie vor einem Rätsel: »Was ist mit mir los? Warum habe ich so etwas Schreckliches geträumt?« Das Geschehen wirkt im Traum so real, ergreift so stark, dass man am nächsten Morgen die bedrückende Erinnerung daran als eine sehr unerfreuliche Nachricht mit sich herumträgt.

Was ist es, das Angst macht?
Es geht darum, sich mit den eigenen Ängsten genauer zu verstehen. Den Einstieg bietet der Schreck aus dem Traum: Was genau machte panisch? Beim Traum über die Fahrkarte zum Ort der Kindheit (siehe Seite 148) kümmert sich die Träumerin zuerst um Orientierungspunkt 7, ihre Gefühle im Traum. Sie beschreibt ihre Panik, den grässlichen Druck, einen Zwang, nun dorthin reisen zu müssen, ohne überhaupt zu wissen, warum. Die Träumerin hat zu diesem Zeitpunkt noch keine Ahnung, was es mit ihrer Angst auf sich hat. Daher beginnt sie dort mit der Beschreibung, wo sie die Panik ansatzweise lokalisieren kann.
Der Traum wählt das Bild der Heimatstadt, um etwas vom aktuellen Befinden der Träumerin auf den Punkt zu bringen (Orientierungspunkt 3, aktuelle Alltagserlebnisse). Einfälle zu diesem speziellen Ort, den ihr Traum ins Spiel bringt, liefern weitere Daten (Orientierungspunkt 4, die

Szenerie). Der innere Druck, wieder dorthin zu müssen, bezeichnet ihren Stress. Was also verbindet sie mit ihrem Herkunftsort? Was verbindet sie mit dem Thema Heimat? Was ist oder war schwierig? Erneut beschäftigt sie sich mit Orientierungspunkt 7, diesmal geht es um Gefühle von früher. Es sind komplexe Fragen, die ein solcher Traum aufwirft und auf die man – soeben daraus erwacht – sicher keine Antwort weiß, geschweige denn, dass einem solche Fragen jetzt schon in den Sinn kämen. Auch hier geht es darum, in kleinen Schritten vorzugehen und sich Zeit zu geben.

Da die Panik für den Traum kennzeichnend war, gilt dem Orientierungspunkt 7, den Gefühlen, besondere Aufmerksamkeit: Welche Ängste/Sorgen beschäftigen sie zurzeit, vielleicht auch nur am Rand und weit im Hintergrund? Sind damit auch Gefühle aufgetaucht, die mit dem Lebensgefühl von damals vergleichbar sind, als sie noch in ihrer Heimatstadt wohnte? Mit Schrecken ist sie aus der Vorstellung erwacht, unbedingt wieder dorthin reisen zu müssen. Es scheint keine Alternative zu geben. Dieses Gefühl der Ausweglosigkeit ist für Albträume typisch. Schicksalhaft scheint alles nur in eine Richtung zu gehen. Es ist Ausdruck eines ohnmächtigen Lebensgefühls, ausgeliefert zu sein und in einem Ablauf festzustecken, aus dem es kein Entrinnen gibt. Ein Perspektivenwechsel scheint unmöglich. Handlungsalternativen scheint es ebenfalls nicht zu geben. Umso wichtiger wird der Blick von außen (Orientierungspunkt 2), der Wechsel der Perspektive, der bereits gelingt, indem wir nach dem Aufwachen mit Mitgefühl auf unser Traum-Ich schauen.

Das Bild im Traum beschreibt, sie fühlt sich gezwungen, wieder auf das Gleis in Richtung alte Heimat zu gehen.

Erhellend ist daher die Frage: Wo im Alltag wurden in ihr Gefühle geweckt, die sie mit diesem Lebensgefühl von damals in Verbindung bringt? Das könnten zum Beispiel alte bedrückende Verhaltensweisen sein, in denen sie sich plötzlich wiederfand; etwa, so zu reagieren wie damals in ihrer Kindheit, wenn sie sich unter Druck und in der Klemme fühlte. Oder ein schwieriges Gefühl, das kennzeichnend für die Kindheit war, kann mit einem Mal in der Partnerschaft auftauchen. Auch eine Meinungsverschiedenheit mit dem Chef kann in alte Zeiten zurückkatapultieren. Ebenso können schwelende Konflikte mit Verwandten Gefühlen aus dem Ort der Kindheit gleichen.

Wer oder was in ihr macht Druck? Warum fühlt sie sich überhaupt verpflichtet? Die eigenen Erwartungen an sich selbst kritisch zu überprüfen, ist auch hier sinnvoll. Zentral ist die Frage danach, was aktuell in ihrem Alltag die Quelle für dieses schlimme Gefühl sein könnte, das sie von damals kennt.

In diesem Albtraum-Beispiel gibt es allerdings nicht nur den Schrecken, sondern auch einen erfreulichen Aspekt: die umsichtige, einfühlsame Schalterbeamtin. Sie versucht zu entlasten und Druck wegzunehmen. Solche konstruktiven Details sind lohnend. Lassen Sie sich von wohlwollenden Figuren dazu anregen, nach Veränderungen zum Positiven Ausschau zu halten (Orientierungspunkt 4, die Szenerie). Diese hilfsbereite Frau liefert den Einstieg zum Ausstieg aus dem Albtraum, als sie sagt: »Es gibt eine günstigere Lösung.« Der Satz lässt sich im übertragenen Sinn verstehen (Orientierungspunkt 6, Spiel mit der Sprache). Der Hauptperson des Traums ist das im Traum selbst noch nicht möglich. Das Traum-Ich ist im eigenen Handlungsablauf gefangen und davon überzeugt, der Satz beziehe sich auf den Ticketpreis. Das aber hat die Schalterbeamtin gar nicht gesagt. Mit Abstand und im übertragenen Sinn verstanden, ermutigt dieser Satz, eine Variante des Handelns zu finden, die die Hauptperson in jeder Hinsicht weniger kostet. Die Träumerin, die vom Zwang zur bevorstehenden Reise schwer unter Druck gesetzt ist, sieht während des Traums keine Handlungsalternative. Obwohl der Hinweis lautet: »Es gibt eine günstigere Lösung!« Die Traumgeschichte gelangt damit bereits zu einer beachtlichen Erkenntnis. Und sie gibt weitere Hinweise. Ebenfalls mit den Worten dieser hilfsbereiten Dienstleisterin ausgedrückt: Eine Facette der Lösung könnte sein, das anstehende Problem »immer mit der Ruhe« zu nehmen und darauf zu vertrauen: »Das kriegen wir schon hin!« Eine weitere Facette könnte sein, den Zwang, der durch die eigene Erwartung an sich selbst entsteht, zu hinterfragen.

Ein solches Traumfazit mag von außen gesehen lapidar erscheinen. Der entscheidende Punkt aber ist: Der Traum bildet einen inneren Lern- und Denkprozess ab. Probleme als unbeteiligter Dritter zu betrachten, ist immer einfacher. Wenn uns etwas nicht persönlich angeht, kommen wir blitzschnell auf Lösungen. Der anstrengende Part ist, die eigenen emotionalen Verwicklungen zu entwirren, dort, wo nötig, für sich selbst einzustehen und sich mit inneren Widersprüchen zu versöhnen. Ausweglos ist es, wenn etwas Unerträgliches als alternativlos dasteht. Das setzt mächtig unter Druck. Zentral ist, sich Raum zu nehmen und sich zu gestatten, Alternativen zu erkennen. Aber auch mit der neuen Variante fällt die Angst noch nicht unbedingt von einem ab. Neues jagt häufig zuerst mal Angst ein und erfordert Mut.

Alternativen treten in unterschiedlichsten Formen auf. Manchmal kleiden sie sich zu unserem Leidwesen zunächst in Albträume. Eine Alternative, die sich im Traum präsentiert, kann etwa sein, sich einen inneren Zwang bewusst zu machen und sich zu entscheiden, nun anders zu handeln. Es kann auch bedeuten, sich von tradierten Wertvorstellungen abzusetzen, die für uns nicht förderlich sind. Ein solcher Schritt ist ein seelischer Kraftakt: sich zuzugestehen, dass es nicht nur eine Sicht auf die Welt gibt – auch wenn die Umgebung uns das, was bestimmte Probleme betrifft, immer wieder glauben lässt. Es gilt, sich laufend neu bewusst zu machen, wie viele verschiedene Weisen es gibt, das eigene Leben konstruktiv zu führen. Sich dafür Zeit nehmen zu dürfen, Alternativen zu erkennen und Schritte in eine neue Richtung zu unternehmen, ist gerade unter innerer Anspannung nicht selbstverständlich. Gerade dann, wenn es unsicher ist, wo der neue Weg verlaufen wird, ist nur eines sicher: Dies braucht in besonderem Maße Zeit.
Der Traum zeigt anschaulich: Unter Druck meinen wir häufig, bestimmten, oft von außen gestellten Anforderungen entsprechen zu müssen, die letztlich immer auf unsere Kosten gehen. Die Wiederholung alter Muster, das fraglose Übernehmen oder die widerwillige Rückkehr zu tradierten Wertvorstellungen oder üblichen familiären Verhaltensweisen – hier: mögliche Übersetzungen des Traumbilds vom Kindheitsort –, die Leid verursachten, ist keine konstruktive Entwicklung. Der Traum zeigt: Ein Umdenken ist im Gang und es gibt eine günstigere Lösung.

Manchmal liefern unsere Träume auch eine Art Psychogramm zu Beziehungen, die in unserem Leben gerade von besonderer Bedeutung sind. Ziemlich verdutzt berichtet ein 50-jähriger Techniker seiner Therapeutin, bei der er seit einigen Monaten in Psychotherapie ist, folgenden Traum:

TRAUM

Ich war bei Ihnen zu Hause auf dem Balkon. Ich lag auf dem Boden und Sie rammten mir einen Pfahl ins Herz. Ich erschrak sehr, dachte aber, dass Sie schon wissen, was Sie tun. Dann deckten Sie eine Folie darüber und sagten: »Ich gehe jetzt ins Fitnesszentrum und Sie bleiben hier ruhig liegen.«

Nach dem Erwachen war der Träumer völlig perplex und sehr erschrocken über dieses Erlebnis. Er fühlte sich in den therapeutischen Gesprächen wohl und mochte die Therapeutin. Er erlebte sie keineswegs als grausam und konnte sich daher keinen Reim auf diesen Traum machen.

Eindrücklich ist die Beschreibung seines Zustands: »Ich lag am Boden.« Die Formulierung ist eine wortwörtliche und zugleich bildhafte Schilderung seines emotionalen Zustands im Wachleben nach einer schweren suizidalen Krise. Als er die Formulierung gebrauchte, um den Traum zu schildern, war ihm schlagartig klar: »Das stimmt! Ich war total am Boden, als ich zu Ihnen kam. Und ich bin immer noch sehr schlecht dran.« Das Traumbild in Worte zu fassen, war zugleich eine Übersetzungshilfe. Dass es ihm so schlecht ging, dass er regelrecht am Boden war – so hatte er sich bis zu dieser Krise nicht gekannt. Er war stark und zupackend gewesen. Schwach kannte er sich nicht. Noch immer rätselte er, wie er überhaupt in diesen Zustand hatte kommen können. Mit dieser Erkenntnis über sich selbst musste er in den Monaten nach seinem Zusammenklappen erst einmal zurechtkommen: am Ende seiner Kräfte zu sein und dennoch jemand zu sein.

Für das Bild, das er von sich selbst hat, wählt sein Traum einen drastischen Ausdruck: Eine Fachperson schlägt ihm einen Pfahl durchs Herz. Aufschlussreich wären seine Einfälle zu diesem Aspekt. Allgemein betrachtet kommen Vampirgeschichten in den Sinn: Mit einem Pfahl durchs Herz erlöst man einen Vampir, eine blutsaugende, ruhelose, »untote« Kreatur, die bis zum Zeitpunkt der Pfählung Angst und Schrecken verbreitet hat. Tatsächlich bedeutete im Wachleben seine schwere Krise sowohl für ihn wie auch für seine Familie einen bisher nicht gekannten Schrecken.

Deutlich wird, dass sich der Träumer der Therapeutin nahe fühlt – die Szenerie ist in den privaten Raum, in ihr Zuhause, versetzt –, ihr vertraut er und glaubt daran, dass sie das Richtige tun wird. Wie die Therapeutin allerdings handelt, das trifft ihn mitten ins Herz und erschreckt ihn zutiefst. Im Gespräch über den Traum erläutert er, dass ihn manches, was sie sagt, zuinnerst trifft, ihm sehr zu Herzen geht, wehtut und zu schaffen macht. Die Bilder aus dem Traum veranschaulichen dramatisch, wie er sich fühlt.

Mit seinem Schrecken in solchen Situationen, so erzählt sein Traum, bleibt er jedoch allein. Er teilt ihn nicht mit. Das hatte er in den Sitzungen bis zu diesem Traum auch nicht getan. Mit seinem Leid war er – auch im Alltag – wie unter einer Glasglocke. Es fehlt ihm die Erfahrung, wie es sich anfühlt, wenn ihn jemand wirklich versteht.

Auch die Therapeutin im Traum lässt nicht erkennen, dass sie seinen Schrecken überhaupt wahrgenommen hat. Darüber, wie er sich fühlt, findet kein Austausch statt. Sein Erschrecken wird nicht gesehen und nicht verstanden. Der Traum bildet seine zentrale Erfahrung ab, wie er sich in einer für ihn wichtigen Beziehung fühlt: Auch wenn er die andere Person mag, bleibt er isoliert. Er erlebt sich allein mit seiner Angst.

Der Traum schildert die Perspektive der träumenden Person. Unklar bleibt, ob die Therapeutin seinen Schrecken, den er in den Gesprächen mit ihr durchlebte, tatsächlich in der jeweiligen therapeutischen Situation nicht wahrnehmen konnte. Oder ob sie seine Verzweiflung und Angst zwar registrierte, es ihm aber, aufgrund seiner unzulänglichen Erfahrung mit Mitgefühl, schwer fiel, eine solche freundliche Zuwendung aufzunehmen oder überhaupt glauben zu können, dass das Mitgefühl seiner Person galt. Der Traum schildert eine Momentaufnahme aus der Sicht des Klienten zum Stand der Beziehung zwischen ihm und der Therapeutin und zeigt bildhaft, wie sehr ihm die Situation insgesamt zu Herzen geht.

Träume als Verarbeitungshilfe bei schweren psychischen Verletzungen

Bei traumatischen Ereignissen (womit Erfahrungen gemeint sind, die infolge von körperlicher oder seelischer Gewalteinwirkung entstanden sind), ist in besonderem Maße ein Umlernen und Neulernen erforderlich, ein Prozess, der viele Jahre dauern kann. Gerade auch Veränderungen zum Guten sind oft mit schrecklichen Ängsten verbunden, die sich ebenfalls in Albträumen zeigen. Warum das so ist, sollen folgende Träume illustrieren, die einen kleinen Ausschnitt aus einer solchen großen inneren Umbauarbeit schildern.

Zur Situation der Träumerin, einer 65-jährigen Frau: Bereits als Kind hatte sie – auf Anordnung von Behörden – in einem von Klosterfrauen geführten Heim gelebt und dort fast ihre gesamte Kindheit und Jugend verbracht. Zum normalen Alltag in dieser Einrichtung gehörten Schläge, tagelange Einzelhaft im Keller bei Wasser und Brot, verbale Demütigungen, die darauf zielten, jegliche Selbstachtung zu zerstören sowie konstante Androhungen weiterer Gewalt. Als Kind und Jugendliche war das beklagenswerte Mädchen – wie die anderen Zöglinge auch – regelmäßig von den Nonnen körperlich auf das Schwerste misshandelt worden. Eine von ihnen hatte sie außerdem auch sexuell über Jahre hinweg missbraucht.
Diese körperlichen und seelischen Verletzungen hinterließen gravierende Spuren und überschatten ihr Leben bis heute mit schweren Beeinträchtigungen. Besonders dazu beigetragen hatten folgende Aussagen der Klosterfrau: Das Mädchen würde der ewigen Verdammnis anheimfallen und über ihre Familie und später ihre Kinder würde schweres Leid kommen, ja, der Himmel würde diese sogar mit dem sofortigen oder einem qualvollen Tod bestrafen, sollte das Mädchen irgendeinem anderen Menschen jemals in seinem Leben auch nur ein Wort über die sexuellen Handlungen erzählen.
In all den Jahrzehnten seit diesen schweren seelischen Verletzungen schwieg sie über das, was ihr angetan worden war. Mit den gravierenden emotionalen Einschränkungen, die sie davongetragen hatte, kämpfte sie tagtäglich. Eine der besonders augenfälligen Auswirkungen: Bereits beim Anblick von Klosterfrauen reagiert die Frau seither, das heißt seit Jahrzehnten(!), mit körperlicher Übelkeit, Ohnmachtsanfällen, Schweißausbrüchen und starker Wut. Wo

es ihr nur irgend möglich ist, geht sie Nonnen und anderen Angehörigen der Kirche aus dem Weg.
Ausgelöst durch journalistische Enthüllungen über die damaligen Missstände entschloss sie sich, auch ermutigt durch ihr Umfeld, das mehr und mehr von ihrem Leid zu erahnen begann, im Alter von 62 Jahren endlich ihr Schweigen zu brechen. Das erlittene Unrecht brachte sie im Rahmen einer Psychotherapie zur Sprache.
Mit enormer Beharrlichkeit machte sie sich an die anstrengende Millimeterarbeit. Quälende Ängste wegen des Fluchs der Nonne waren zu überwinden. Schrittchen für Schrittchen konnte sie ihren Alltag mit hart sich selbst abgerungenen Maßnahmen erleichtern; die vergangenen Schrecken waren nur sehr langsam nicht mehr ganz so dominierend. Sie staunte über ihre auftauchende Unternehmungslust und zaghaft wachsende Lebensfreude. Die Panik beim Anblick von Klosterfrauen hielt sich jedoch hartnäckig. Da sie inzwischen über mehr Energie und Lebensmut verfügte, konnte sie solche Schrecksituationen besser handhaben und wurde davon nicht mehr völlig schachmatt gesetzt, was sie freute und auf ihre Leistung stolz machte. Soweit es ihr möglich war, ging sie solchen Situationen jedoch weiterhin aus dem Weg. Sie fand, sie habe in ihrem Leben schon genügend Stress wegen Ordensfrauen erlebt, Schweißausbrüche ihretwegen brauchte sie keine mehr. Nach drei Jahren intensiver psychotherapeutischer Auseinandersetzung traten dann die beiden folgenden Träume auf:

TRAUM

Eine Klosterfrau fragt mich nach dem Weg. Ich denke mir: »Warum muss die ausgerechnet mich fragen? Warum lässt die mich nicht in Ruhe?« Ich gebe ihr zur Antwort: »Fragen

Sie den Herrgott nach dem Weg!« Daraufhin meint die Klosterfrau zu mir: »Das dürfen Sie nicht sagen. Das war nicht schön! Das wird sich der Herrgott merken!«

Völlig verzweifelt erwachte die Frau aus diesem Traum und konnte lange Zeit nicht wieder einschlafen. Beachten Sie auch hier wieder das Phänomen: Die Geschichte ist von außen betrachtet harmlos. Für die Träumerin aber bedeutet sie qualvollen, abgrundtiefen Schrecken. Mit dem Bild der Klosterfrau war in ihrem Traum ein sogenannter »Trigger« aufgetreten, das heißt ein Auslöser für automatisch ablaufende Erinnerungsketten an erlebte Gräuel. Für die Träumerin war das gerade in dieser Phase ihres Lebens völlig unverständlich. Langsam ging es ihr besser. Warum wurde sie dann sogar in ihrem Schlaf vom Anblick einer Klosterfrau verfolgt? Warum ließen sie die Geister der Vergangenheit nicht mal im Schlaf in Ruhe? Wo sie doch so viele dieser Schrecken gerade durch die Therapie hinter sich gelassen hatte. Es gab kein Entrinnen. Erneut durchlitt sie diese furchtbare Ohnmacht und dieses Ausgeliefertsein an ihre damaligen Peinigerinnen. Sie war zurückgeworfen in die grauenhaften Erinnerungen von damals.

Wenn Sie sich nun vergegenwärtigen, was Sie bisher über Träume erfahren haben, wird deutlich, was passiert: Die Hauptperson des Traums hat in ihrem Alltag – gerade auch mithilfe der Therapie – viel Neues aufgenommen und entschlossen in ihr Leben eingebaut. Diese neuen Erkenntnisse verbinden sich mit dem Wissen von früher. Nachts, während sich das Gelernte neu einordnet, begegnet sich bisheriges Wissen mit neuer Lernerfahrung. Im Traumbild geschildert: Die Hauptperson mit all ihren neuen Verhaltensweisen trifft auf ihre Erinnerungen, auch die an Nonnen. Altes – und damit selbstverständlich auch die damit zusammenhängenden Gefühle von damals – wird nun mit Neuem in Verbindung gebracht.

Für Außenstehende, die mit Klosterfrauen neutrale oder positive Erfahrungen verbinden und daher auch keine durch sie ausgelösten »Flashbacks« kennen (jäh auftauchende Bilder, die der betroffenen Person suggerieren, sich gerade real in der schrecklichen Situation von früher zu befinden), enthält der geschilderte Traum nichts Grässliches. Man ist sicher unangenehm berührt, wie die Träumerin gemaßregelt wird – aber für sich genommen wären diese drohenden Worte kein Anlass, in Verzweiflung zu stürzen. Die Dramatik entsteht für die Träumerin dadurch, dass sich in ihr das Bild der Klosterfrau mit furchtbaren Erinnerungsketten verbindet.

Zu beachten ist daher: Es sind nicht die Bilder, die den Schrecken eines Albtraums ausmachen. Es sind immer die damit verknüpften eigenen Gefühlserinnerungen und Einschätzungen.

Aus der Außenperspektive betrachtet, fällt die Reaktion der Heldin des Traums auf: Die Angesprochene zeigt Geistesgegenwart und Mut. Die vom Albtraum betroffene Frau jedoch fühlt sich gar nicht als Heldin. Der Schreck des Erlittenen ist wieder in aller Heftigkeit da. Personen mit Klostertracht katapultieren sie in die Gefühle von damals zurück. Dazu kommt die Androhung der Ordensfrau im Traum, dass sich der Herrgott das merken wird. Für die Träumerin aktiviert diese perfide Einschüchterung aufs Neue die emotionale Erpressung der Klosterfrau von damals, sie spürt sie, wie einen Fluch, immer noch auf sich lasten.

Beim Aufwachen reagiert sie sehr verängstigt und verzweifelt. Sollte die ganz therapeutische Arbeit umsonst gewesen sein? Immer wieder hatte sie sich in den vergangenen Jahren gefragt: Ist es wirklich in Ordnung, mutig und entschlossen seine eigenen Wege zu gehen und erlittenes Unrecht laut und deutlich beim Namen zu nennen? Wenn sie bewusst darüber nachdenkt, hält sie das inzwischen für selbstverständlich. Gefühlsmäßig jedoch ist das noch nicht so eindeutig. Diesen inneren Zwiespalt zeigt nicht ihr Traum, sondern ihre Reaktion darauf beim Erwachen.

Es braucht Zeit, einerseits die Erkenntnisse aus logischen Überlegungen und andererseits die mit dem Thema verbundenen Gefühle in Einklang zu bringen. Träume wie der obige illustrieren, wo sich die Träumerin gerade in dieser inneren Auseinandersetzung befindet: Sie hat Mut und Selbstbewusstsein gewonnen. Aber noch immer braucht sie viel Kraft, um den furchtbaren Gefühlen, die mit den zerstörerischen Erfahrungen zusammenhängen, standhalten zu können, wie sie beim Aufwachen voll Schrecken erneut merkt. Sie hat allen Grund, Kraft zu sparen und unnötig kraftraubenden Begegnungen aus dem Weg zu gehen. Wenn es aber gar nicht anders geht, so beweist ihr Traum, dann kann sie sich verteidigen.

Sie erlebt den Traum, während des Träumens und beim Aufwachen, völlig unterschiedlich. Erwacht, herausgerissen aus ihrem Schlaf, wird sie überwältigt von Schrecken, von einem Gefühl der Ohnmacht und des Ausgeliefertseins. Alle Bemühungen im Alltag, sich aus dem alten Gräuel herauszuarbeiten, scheinen vergeblich gewesen zu sein, wenn das Entsetzen sie sogar mit ihren Träumen wieder zu fassen bekommt. Das verunsichert und verstört, reißt wieder den Boden unter den Füßen weg. Umso wich-

tiger ist es, sich erneut Orientierung zu verschaffen, indem man genau anschaut, was passiert ist.
Durch das Gespräch über den Traum tritt für die Träumerin zutage, wie selbstbewusst und schlagfertig sie reagiert hatte. Sie war nicht wie früher gelähmt. Weder war sie verstummt, noch in Ohnmacht gefallen. Im Traum war für sie sofort klar gewesen: Sie wollte nichts mehr mit den Nonnen zu tun haben oder ihnen auch nur irgendeinen Gefallen tun müssen. Sie wollte nur ihre Ruhe. »Fragen Sie den Herrgott nach dem Weg!« Den Herrgott, die höchste moralische Instanz, als Wegweiser ins Spiel zu bringen – was für eine selbstbewusste Reaktion!
In einer der nächsten Nächte – übrigens bevor sie jemandem von dem ersten Traum erzählt hatte – träumt sie:

TRAUM

Ich sehe, wie eine Klosterfrau ein Kind an den Ohren zieht. In mir gehen alle Alarmglocken los. Ich reiße das Kind von ihr weg, herrsche sie an: »Was machen Sie da? Das ist nicht erlaubt! Sie misshandeln das Kind!«
Mit dem Kind an der Hand gehe ich von der Klosterfrau weg. Das Kind bedankt sich bei mir und ich biete ihm an, es nach Hause zu bringen. Das Kind aber meint: »Das schaffe ich schon selbst!« Es macht sich auf den Heimweg und auch ich gehe nach Hause. Ich zittere wie Espenlaub und mir ist sterbensschlecht. Zu Hause muss ich fürchterlich erbrechen.
Dann läutet es an meiner Tür. Das Kind steht mit seiner Mutter draußen, die sich sehr bei mir bedankt und mir zum Dank einen Blumenstrauß bringt. Die Mutter erkennt sofort, dass es mir gar nicht gut geht und fragt mich, ob sie mir helfen könne. Ich bedanke mich bei ihr dafür, meine aber, ich komme schon selbst zurecht. Die beiden gehen wieder. Dann

kommt die Mutter des Kindes aber zu mir zurück und lädt mich zum Kaffee ein. Wir kommen ins Gespräch und ich erzähle ihr, was mir alles damals als Kind im Heim durch die Nonnen an Schrecklichem widerfahren war. Die Frau nimmt großen Anteil und ich spüre: Wir werden Freundinnen.

Auch aus dem zweiten Traum erwacht die Träumerin sehr aufgewühlt und kann stundenlang nicht mehr einschlafen. In kürzester Zeit war sie zum zweiten Mal während des Schlafs vom Schreckensbild der Klosterfrau und damit von ihren Gefühlserinnerungen überfallen worden. Wie sehr sie leidet, zeigt diesmal im Traum auch die heftige körperliche Reaktion, die sie dort durchlebt: Es wird ihr speiübel und sie erbricht. Das war jahrzehntelang auch real die Antwort ihres Körpers beim Anblick von Klosterfrauen gewesen: Sie musste spontan erbrechen.

Mit ansehen zu müssen, wie ein Kind misshandelt wird, ist für diese Frau unerträglich. Sie hat sich ihr Mitgefühl bewahrt, trotz der folterähnlichen Misshandlungen, die sie selbst hatte durchleiden müssen. Ihr Traum zeichnet ein sehr facettenreiches Bild von ihr und ihrem Leiden. Zwar quälen sie die schrecklichen Erinnerungen noch immer massiv, was sich im Traum sogar mit dem Rückgriff auf das Bild einer körperlichen Reaktion, dem Erbrechen, darstellt. Andererseits ist da ihr Mitleid mit anderen, die misshandelt werden. Der Traum zeigt auch: Sie fühlt sich stark genug, um energisch einzuschreiten. Früher ließ sie bereits der Anblick einer Nonne ohnmächtig werden. Im Traum aber kann sie entschlossen handeln. Im Grunde spielt sie probeweise durch, was sie im Wachleben tun würde.

Die Träumerin blickt auf eine lange Reihe von Erfahrungen zurück, die sich mit dem Titel versehen ließen: »Hilf dir selbst, sonst hilft dir keiner.« Wenn jemand in so starkem Maße immer wieder auf sich selbst zurückgeworfen war, prägt das die eigenen Erwartungen an das Leben. Häufig resultiert daraus, sich aufgrund der vielfachen negativen Erfahrungen gar nicht vorstellen zu können, von anderen Hilfe zu bekommen. Folglich ist es für Menschen mit solch schweren psychischen Verletzungen oft unmöglich zu erkennen, wenn andere Menschen ernsthaft und verlässlich Hilfe anbieten. Zudem kann auch die Fähigkeit stark eingeschränkt sein, bei anderen wahrzunehmen, dass sie Hilfe brauchen. Ihr Traum zeigt in mehrerer Hinsicht, wie wach sie auf ihr Umfeld reagiert: Zum einen bietet sie selbst dem Kind Hilfe an. Umgekehrt nimmt sie schließlich doch das Angebot der Mutter an, mit den Erinnerungen nicht allein zu bleiben – womit sie einen weiteren Schritt in die für sie neue Richtung geht, andere Menschen einzuweihen. Und nicht nur das: Sie hat die Fähigkeit gewonnen, das Mitgefühl anderer zu spüren und sich daran zu freuen. Der Traum eröffnet eine weitere Perspektive: Es gibt im normalen Alltag tatsächlich Menschen, die vertrauenswürdig sind! Kein Wunder, dass solche Gedanken angsterregend sind, wenn man so viele Jahre allen Grund hatte, den Menschen nur zu misstrauen. Dieser neue Blick auf das Leben ist erst einmal gewöhnungsbedürftig.

Spezialfall: Klarträumen

Wissen, dass man träumt – manchmal ereignet sich dies in einem unserer Träume spontan, ohne dass wir genau wissen, wie es uns gelungen ist, dies festzustellen. Manche

Leute können das einfach so. Dieses Klarträumen oder luzides Träumen, wie man es auch nennt, nutzt inzwischen auch die Traumforschung, um Traumvorgänge besser zu verstehen. Indem der Träumer selbst mit gezielten Augenbewegungen signalisiert, dass er weiß, er träumt, ermöglicht er Forschenden Rückschlüsse darauf, wo im Gehirn die gedanklichen Aktivitäten des Träumens stattfinden. Das setzt voraus, dass gleichzeitig per Magnetresonanz-Untersuchung (MRI) die Hirnaktivität des Träumenden aufgezeichnet wird. Wenn er später berichtet, was er im Traum unternommen hat, können die Forschenden Hirnaktivitäten zuordnen. Klarträumen als Technik dient auch Experimenten zu Fragestellungen wie: Lassen sich sportliche und andere Leistungen durch Klarträumen verbessern?

Dass unser bewusstes Denken bis in die Träume hinein erweiterbar ist, leuchtet ein. Denn es ist dasselbe Gehirn, das tagsüber »bewusst« arbeitet und nachts in den »Traummodus« überwechselt. Diesen Traumzustand bewusst zu erleben, eröffnet eine weitere innere Welt, die oft als atemberaubend funkelnd und befreiend erlebt wird. Ins Zentrum rückt dabei die Frage: »Was will ich?«

Klarträumen als Strategie zu nutzen, etwa, um Albträume während des Traums durch eigenes Eingreifen zu entschärfen, dies ist möglich. Zwar bleiben die Traumbilder bis zu einem gewissen Grad autonom, das heißt, auch beim Klarträumen treten erschreckende, zunächst überwältigende oder befremdende Inhalte auf. Das ist verständlich, da dieses nächtliche Aneinanderreihen und Neusortieren von Bildern, das wir »träumen« nennen, aus den gesamten Daten unserer Wahrnehmungen zusammengesetzt wird. Dazu gehören die Eindrücke, die uns bewusst sind, aber

auch diejenigen außerhalb unserer bewussten Wahrnehmung. Man wird daher auch beim Klarträumen mit unerwarteten und teils furchterregenden Trauminhalten konfrontiert, aber man kann eine aktivere Rolle einnehmen und Abläufe willentlich verändern und, nicht zu unterschätzen, man weiß, dass man träumt – womit man sich entlastet.
Klarträumen zu erlernen, das ist möglich und keine Zauberei. Anleitungen finden Sie in Büchern (siehe auch Literaturliste Seite 202) und im Internet oder Sie absolvieren einen Kurs, der Sie in diese Techniken einführt. Alles, was Sie brauchen, ist eine gewisse Entschlossenheit und Disziplin, regelmäßig zu üben.

Welche gedanklichen Phänomene sich direkt innerhalb der Träume ergeben, wenn jemand das Klarträumen lernt, schildern die folgenden drei Träume einer 17-jährigen Gymnasiastin:

TRAUM

Meine Schulfreundinnen und ich waren mit zwei Hunden im Park in der Nähe unserer Schule unterwegs. Diese Hunde mussten wir vor Schulbeginn unbedingt loswerden, denn der Religionslehrer wäre bestimmt nicht begeistert. Ich schaute mich immer wieder nach dem Hund an meiner Leine um, der hinter mir herlief. Dieser Hund wechselte, wenn ich mich nach ihm umschaute, immer wieder seine Gestalt; so wurde er sogar zu einem roten oder einmal auch blauen Bobschlitten – dadurch bemerkte ich, dass ich träumte. Trotzdem konnte ich nichts ausrichten oder an den Abläufen steuern.

Der Hinweis für die Träumerin, dass sie sich im Traumzustand befand: Sie registrierte, dass im normalen Alltag ein Hund die Gestalt nicht wechselt. Sie verfolgte mit diesem Traum ein persönliches Projekt, nämlich handelnd in ihre Träume einzugreifen.

TRAUM

In meinem nächsten Traum war gerade die Schule aus, ich lief allein durch den Bahnhof. Es war seltsam, denn ich merkte plötzlich, dass weiter vorne extrem viele Leute waren und da, wo ich war, fast keine. Das kam mir irgendwie merkwürdig vor und ich vermutete, ich könnte träumen.

Als Außenstehende erscheint uns die Ursache, warum die Träumerin zu vermuten beginnt, sie könnte träumen, nicht stichhaltig. Im Wachbewusstsein ist für uns durchaus logisch, dass in einem Bahnhof an einer Stelle sehr wenige oder keine Menschen sind, anderswo dagegen viele. Es müssen also weitere Hinweise gewesen sein, die der Träumerin – wie es real ja auch der Fall war – verdeutlichten, dass sie träumte. Unklar ist hier noch, welche das waren.
Wie aufwendig es ist, sich zu vergewissern, auf welcher Bewusstseinsebene man sich befindet, zeigen die weiteren Bemühungen der Träumerin in der nun folgenden Szene des Traums:

TRAUM

Darum machte ich automatisch einen Realitäts-Check, um zu überprüfen, ob ich träumte: Ich warf meinen Radiergummi hoch, den ich aus meiner Hosentasche zog. Dabei fiel mir übrigens nicht auf, dass ich im Wachleben nie einen Radiergummi in der Hosentasche habe und daher in dieser Szene im Wachzustand gar keinen in der Hand gehabt hätte. Es wäre also ein weiterer Beweis für mich gewesen, dass ich träumte, wenn ich das bemerkt hätte. Mir fiel dies aber gar nicht auf.

Die Träumerin schildert anschaulich, wie anspruchsvoll es ist, die detaillierten Schritte eines alltäglichen Handlungsablaufs ganz bewusst zu erleben. In unserem Alltag wird vieles vereinfacht, weil wir auf erlernte Automatismen zurückgreifen können und Abläufe uns »wie im Schlaf« von der Hand gehen.
Für das Klarträumen braucht es besondere Aufmerksamkeit, um sowohl wach als auch schlafend in der Lage zu sein, den realen Zustand, in dem man sich befindet, wahrzunehmen. Die Träumerin sammelt Hinweise, bemerkt aber in dieser ersten Phase des Träumens nicht, dass einige Grundvoraussetzungen anders sind als im Wachzustand. Die bisher beschriebenen Schritte zeigen, wo es ihr gerade noch nicht gelungen war, das Traumerleben voll bewusst zu erkennen. Sie ist noch dabei zu üben, auf welcher Ebene des Denkens sie sich befindet. Plötzlich gelingt es ihr, präzise wahrzunehmen, dass sie am Träumen ist:

TRAUM

Ich warf nun also, weiterhin am Träumen und Rätseln, ob ich träume, diesen Radiergummi hoch. Der flog aber nicht, als er am höchsten Punkt in der Luft angekommen war, wieder wie sonst, unter den normalen Bedingungen der Schwerkraft, nach unten. Der Radiergummi machte nun auf seinem Flug nach unten ganz eigenartige tänzerische Schwünge und

Bögen, bis er wieder in meiner Hand ankam. Die Schwerkraft schien sich irgendwie verringert oder verändert zu haben. Erneut fiel mir auf, dass hier etwas nicht stimmte – ich wusste plötzlich noch klarer, dass ich träumte.
Da wollte ich mir selbst beweisen, dass ich wirklich träumte. Ich beschloss – immer noch träumend –, deshalb jetzt eine der Übungen durchzuführen, die mir empfohlen wurden, um das Klarträumen zu erlernen: die Baum-Übung. Bei dieser gibt man mit seinem Willen vor, dass nun mitten in der Szene ein Baum wachsen soll. Das beschloss ich im Traum nun zu probieren. Das heißt, ich konzentrierte mich darauf: »Ich will, dass jetzt hier sofort ein Baum wächst!« Und tatsächlich, der Baum wuchs und wurde immer dicker und höher. Mitten auf dem Bahnhofsplatz aus Beton hatte ich in meinem Traum einen Baum wachsen lassen!

Die Träumerin setzt ihren Willen ein, um sich selbst, mit Hilfe einer vorgegebenen Übung, ihren Traumzustand zu verdeutlichen und ihn zu überprüfen. Klar ist: Vorrangig war für sie hier, sich unbedingt zu vergewissern, dass sie am Träumen ist.

Träume – Botschaften von Verstorbenen?

Ein Mann, seit zwei Monaten Witwer, berichtet Folgendes:

TRAUM

Nachts erlebe ich Dinge, für die es keine rationale Erklärung zu geben scheint. Zum Beispiel weckt mich einmal die Stimme meiner verstorbenen Frau, die mich fragt: »Wieso hast du die Tür nicht abgeschlossen?« Ich wundere mich und frage mich, ob ich überhaupt wach bin oder träume. Ich gehe zur Haustür und kontrolliere sie. Dabei bemerke ich: Die Tür ist offen. Anderntags beim Aufwachen bin ich mir nicht sicher: Bin ich überhaupt aufgestanden oder war das nur ein besonders realistischer Traum? Eigentlich bin ich überzeugt davon, dass dies kein normaler Traum war. Da ist etwas anderes passiert. Denn solches hat sich erst seit dem Tod meiner Frau ereignet und ist seither immer wieder vorgekommen.

Die Stimme seiner verstorbenen Frau zu hören – diese Erfahrung stellt bisherige Überzeugungen völlig auf den Kopf. Ein solcher Traum wirft um. Für diese neue Erlebniskategorie sucht der Träumer Erklärungen, will einordnen – es ist ein großer Brocken, den er zu verkraften hat. Solche Erfahrungen sind oft so plastisch, dass es nur eine Erklärung zu geben scheint: dass der Geist des Verstorbenen zur eigenständigen Existenz geworden sei, die sich nun gemeldet habe. Geister, die in Schlössern spuken, arme Seelen, die ruhelos über Friedhöfe schweben, der Geist eines Ermordeten, der im Bühnendrama während eines Festbanketts die ahnungslose Gesellschaft aufschreckt – es gibt zahlreiche Hinweise auf solche nichtalltäglichen Erlebnisse nach dem Tod eines Menschen. Je nach persönlicher Situation und psychischer Verfassung sowie der Beziehung zur verstorbenen Person kann diese Erfahrung tröstlich oder aber sehr erschreckend sein.
Der Berichterstatter beobachtet genau. Er ist sich bewusst, dass er nicht genau weiß, auf welcher Ebene der Realität er sich während dieser Erlebnisse befunden hat. Er weiß nur: So etwas hatte er bisher noch nie erlebt. Es war eine einzig-

artige Erfahrung, die sich für ihn klar davon unterschieden hat, was man sonst träumen nennt.

Da solche Erlebnisse gar nicht so selten sind, lohnt es sich, auch hier genauer hinzuschauen. Was lässt sich anhand der gewonnenen Erkenntnisse über Träume heranziehen, um solche Erfahrungen einzuordnen, ohne dazu auf Geister zurückgreifen zu müssen?

Der Verlust eines nahestehenden, geliebten Menschen ist eine psychische Extremsituation. Der Hinterbliebene steht unter Schock. Die alltäglichsten Dinge werden zur schmerzhaften Erinnerung an die verstorbene Person und an die Tatsache, dass man nun verlassen ist. Der allein gebliebene Partner ringt seelisch ums Überleben. Ähnlich wie ein verletzter Körper auf Hochtouren daran arbeitet, den Schaden zu reparieren, so versucht auch die Psyche, Verlorenes auszugleichen.

Es ist ein ständiges Hin und Her zwischen dem rationalen Wissen, was nun der neue Sachverhalt ist, und den heftigen Gefühlen – Schock, Trauer, Wut und einfach nicht glauben können, dass es nun für immer anders sein wird. Es ist ein seelischer Ausnahmezustand. Dazu kommt, dass normale körperliche Bedürfnisse wie Essen und Schlafen oft völlig aus dem Rhythmus geraten. Hungrig und übernächtigt häufen sich Traumepisoden, die im Wachzustand dann als Tagträume auftreten. Dadurch wird es schwierig zu unterscheiden, auf welcher Ebene der Realität man sich befindet. Ist es die Realität, die man mit anderen Menschen teilt oder ist es die innere, die man nur allein erlebt?

Das oben geschilderte Erlebnis zeigt dies berührend. Der Träumer steht unter dem Eindruck des unwiederbringlichen Verlusts. Alles in ihm kämpft, mit diesem neuen Wissen zurechtzukommen. Die Gedanken an die verstorbene

Frau sind ständig präsent – im wachen Zustand ohnehin, aber auch beim Träumen. Alles in ihm arbeitet auf Hochtouren, um mit der persönlichen Katastrophe fertigzuwerden, die der Tod seiner Frau bedeutet.
Parallel dazu läuft der Alltag mit seinen normalen Anforderungen und Aktivitäten, die unter solch außerordentlichen Bedingungen sehr viel schwerer zu bewältigen sind als sonst. Daher kommt es gehäuft zu Fehlleistungen. Wir wissen auch, dass uns die gedanklichen Vorgänge in der Nacht oft ganz praktisch auf tagsüber in Vergessenheit Geratenes hinweisen. Ein solcher Alltagszusammenhang liegt auch hier nahe: Unbewusst hatte der Träumer registriert, dass er die Haustür nicht abgesperrt hatte. Ähnlich wie wir auch sonst in Traumbildern Unvollständiges aus dem Wachleben ergänzen, weiß eine Instanz in ihm, dass er vor dem Schlafengehen noch etwas zu erledigen hat, nämlich die Haustür abzuschließen. Anzunehmen ist, dass der von ihm geschilderte Ablauf einer jener vertrauten Dialoge war, die für das Leben als Paar typisch waren: sich gegenseitig zu fragen, ob Alltägliches erledigt ist. Dieser Gedankengang, die Erinnerung an ein Gespräch darüber mit seiner Frau, passt zur aktuellen Situation: Die Stimme seiner Frau übernimmt die Rolle, ihn zu erinnern.
Eine solche Erfahrung berührt emotional zuinnerst, weil die inneren Bilder im halb wachen Zustand besonders intensiv sind. Das Erlebnis hat eine ganz andere Gefühlsqualität als die sonst gewohnten Traumbilder oder ein Gedanke im voll bewussten Wachsein. Solche Erfahrungen sind eine psychisch normale Reaktion auf einen psychischen Ausnahmezustand.
Jemanden zu verlieren, der uns nahestand, das trifft ins Mark. Die Person, die so vertraut war, so fest zum eigenen

Leben gehörte und die verlässlich Orientierung gab, ist weg, unwiederbringlich. Es bedeutet emotionale Schwerarbeit, wieder Boden unter den Füßen zu gewinnen. Diese innere Auseinandersetzung läuft selbstverständlich auch in der Nacht ab. Wieder und wieder gehen wir innerlich durch, was bisher war, was nun anders ist und wie wir am besten damit zurechtkommen könnten. Die Psyche ist dabei, sich neu zu ordnen. Kein Wunder, dass in solchen Träumen Verstorbene eine besonders prägnante Rolle spielen. Diese Erlebnisse im Traum sind so farbig und lebendig, dass sie manche Menschen sogar zur Frage führen: »Nehmen Verstorbene Kontakt auf?«
Eine 56-jährige Frau berichtet:

TRAUM

Der Tod meines Vaters, der leidvoll an Krebs starb, quälte mich lange Zeit sehr. Da kam er eines Nachts im Traum zu mir und sagte: »Lass mich los! Es ist sehr schön dort, wo ich jetzt bin.«

Ein solcher Traum verblüfft. Der Ausspruch des Vaters teilt mit: Bisher hält die Träumerin den Vater fest. Und es ist die Rede von einem schönen Ort für Verstorbene, an dem er sich nun befindet. Um den Verlust einer geliebten Person zu verkraften, versuchen wir, uns das nicht Begreifbare begreiflich zu machen. Wir erwägen Erklärungen, ziehen unsere Überzeugungen und unser Weltbild zurate. Wir hadern, versuchen, vernünftig zu sein und hadern erneut. Dieser intensive gedankliche Prozess bildet sich auch in unseren nächtlichen Ordnungsprozessen, den Träumen, ab.

Die unmittelbare innere Erfahrung für die Träumerin während dieses Traums ist: Ihr Vater, die Person, mit der sie sich tagsüber gedanklich immer wieder sehnsüchtig beschäftigt hat, vertritt nun hier klar die Haltung: »Zieh einen Schlussstrich unter das Grübeln! Hör auf, am Bisherigen festzuhalten!« Auch sie selbst wird in dieser Phase, ihrer Weltanschauung entsprechend, nach einer neuen Haltung gesucht haben. Während des Schlafs läuft ein solcher Suchprozess weiter. Das Resümee dieser gedanklichen Auseinandersetzung teilt ihr der Traum mit: Dem Vater geht es gut. Die Träumerin hat damit zu einem entlastenden Fazit gefunden.

Die Frage danach, ob es eine Seele gibt, die unabhängig vom Körper existiert, führt seit Jahrtausenden zu weltanschaulichen Auseinandersetzungen. Philosophische Richtungen sowie die verschiedenen Weltreligionen kommen zu ganz unterschiedlichen Erklärungen. Die Psychologie, die Wissenschaft der seelischen Vorgänge, orientiert sich am beobachtbaren Verhalten und Erleben der Menschen. So werden Erfahrungen außerhalb des Körpers (»out-of-body experiences«), wie das Menschen etwa bei Nahtod-Erlebnissen schildern, von Neuropsychologen als außerordentliche Hirnfunktionen erklärt, die sich aber zu keinem Zeitpunkt unabhängig von körperlichen Gegebenheiten ereignen.

Auch bei solchen Erfahrungen wie Begegnungen mit Verstorbenen im Traum oder Tagtraum stellen wir fest: Es sind die ganz persönlichen Erlebnisse einer einzelnen Person. Auch hier gehen wir davon aus, dass solche Erlebnisse im Kopf passieren.

Dass es keine Rolle spielt, welches Weltbild man hat, wenn es um solche Traumerlebnisse geht, zeigt auch folgende

Erfahrung einer Frau Mitte 30, die zwei Jahre nach dem Tod ihrer Mutter zweimal hintereinander in der gleichen Nacht denselben Traum hatte. Sie selbst kennt sich als nüchterne Person, die nicht an Übersinnliches glaubt und kann sich auch ein Weiterleben nach dem Tod nicht vorstellen. Das Erlebnis dieser beiden Träume ließ sie aber unmittelbar fragen: »Was könnte mir meine Mutter damit sagen wollen?«

TRAUM

Meine/unsere ganze Familie sitzt in einem Haus, in welchem wir eine Zeit lang gewohnt hatten, beim gemeinsamen Essen. Alle sind versammelt, mein Vater, der im Ausland wohnhaft ist, sowie mein Lieblingsonkel, der in einer benachbarten Stadt lebt; nur meine Mutter fehlt in dieser Runde. Mitten im gemütlichen Beisammensein taucht meine Mutter wie aus dem Nichts geisterartig auf und »besucht« uns quasi in trauter Gemeinsamkeit. Ich springe auf und laufe auf sie zu, um sie in den Arm zu nehmen, doch als ich versuche, sie zu berühren, verschwindet sie. Sie lächelt und sagt noch: »Ich bin auch da, wenn du mich nicht siehst.«
In einem anderen Traum geschah genau dasselbe: Beim Versuch, sie zu berühren, verschwand sie einfach und sagte ebenfalls: »Ich bin auch da, wenn du mich nicht siehst.«

Die Träumerin litt sehr unter dem vorzeitigen Tod der Mutter und träumte oft von ihr. Körperlich und seelisch ging es ihr seitdem sehr schlecht. Sie kämpfte mit der Frage nach dem Sinn des Lebens. Oft wünschte sie sich, es wäre alles nur ein böser Traum, aus dem sie endlich erwachen könnte.

Der Traum bebildert ihre Erfahrung, dass die Mutter ständig für sie präsent ist, obwohl sie seit zwei Jahren tot ist. Sie fehlt im Kreis der Familie und taucht zugleich als geisterhaftes Wesen auf. In der Alltagssprache benutzen wir den Ausdruck, dass ein »Gedanke umhergeistert«. Der Traum illustriert dies mit dem geisterartigen Auftritt aus dem Nichts. Auch dies bebildert eine Überzeugung der Träumerin, die davon ausgeht, dass nach dem Tod das Nichts ist.

Aus diesem Nichts taucht nun das Traumbild der Mutter auf und zugleich die intensive Sehnsucht der Träumerin, der Mutter auch körperlich wieder nah zu sein. Der Traum führt ihr jedoch, ebenso wie ihre Alltagserfahrung, klar vor Augen: Das geht nicht mehr. Die Mutter ist nicht mehr körperlich präsent. Im Traum erlebt sie nun einen für sie neuen Aspekt. Ihre Mutter gibt ihr liebevoll den Hinweis: »Ich bin auch da, wenn du mich nicht siehst.«

Das ist die zentrale Thematik, mit der die Träumerin seit Jahren zurechtzukommen versucht, die Frage: Was bleibt übrig, wenn ein geliebter Mensch unwiederbringlich weg ist? Mit dem Tod der Mutter war der Träumerin fast alles abhandengekommen, auch der Sinn des Lebens. Alles, was sie vermittelt hatte, wofür sie stand und Garant war, schien mit ihrem Tod verloren. Verloren ging der Träumerin auch das Wissen darum, dass sie die Fortsetzung des Lebens ihrer Mutter ist. Auch heute, wo diese nicht mehr mit ihr sein kann, ist sie mit dem Leben der Tochter präsent. Dazu kommt: Viele Erfahrungen mit der Mutter, die sie auch heute in ihrem Alltag begleiten, haben sie geprägt und bereichert. Genau das drücken ihre Träume aus: Die unzähligen Erinnerungen und Erlebnisse mit der Mutter machen Wesentliches ihres Lebens aus, waren die Erfahrung einer tiefen Liebe und begleiten sie weiterhin. Die Mutter ist auch aufgrund dieser vielen Erfahrungen da. Anders gesagt, auch wenn es die Träumerin noch nicht sehen, das heißt verstehen kann: Das, wofür die Mutter steht und was sie für das Leben ihrer Tochter bedeutet hat und dies in Wesentlichem auch weiterhin tut, das alles ist präsent. Der Traum unterstreicht, nicht zuletzt auch dadurch, dass er sogar zweimal auftaucht: Es gibt für die Träumerin ermutigenden Grund, sich neu zu orientieren, denn sie ist in dem, was das Leben der Mutter ausmachte und was sie ihr mitgab, verankert. Eine solche bahnbrechende Erkenntnis kann im nächtlichen Schauspiel der Träume für sie nur die Figur der Mutter auf den Punkt bringen.[15]

Träume als Blick in die Zukunft?

Es ist August, im Süden Spaniens. In der Nacht vor ihrer Hochzeit, womit für die 23-jährige Braut ein großer Wunsch in Erfüllung gehen soll, träumt sie Folgendes:

TRAUM

Ich bin bereits im Hochzeitskleid. Ich bin allein und stehe kurz vor der Abfahrt in die Kirche. Plötzlich bemerke ich, dass draußen tiefer Winter ist. Es schneit heftig. Ich erschrecke sehr, weil ich mein Hochzeitskleid überhaupt nicht im Hinblick auf Schneefall ausgesucht habe. Etwas beruhigt es mich, als ich feststelle, dass meine Schuhe geschlossen sind, ich unter meinem langen Kleid eine Strumpfhose trage und meine weißen Handschuhe bis weit über die Ellbogen reichen, sodass meine Arme ganz bedeckt sind. Ich würde also wenigstens nicht überrumpelt aussehen – auch wenn ich es absolut bin.

Die Träumerin erwacht schockiert. Ist der Traum ein schlechtes Omen für ihre Heirat? Das Bild von Kälte und Winter bringt sie überhaupt nicht mit ihrer Partnerschaft zusammen. Durch den besonderen Zeitpunkt wirkt der Traum für sie wie ein Orakelspruch.

Vor solchen Fragen stehen Menschen immer wieder. Prophezeit ein schreckenerregender Traum die Zukunft? Erstaunt registrierte ich auch, wie oft Leute in Krisenphasen Deutungen eines Wahrsagers oder einer Kartenlegerin in Anspruch nehmen. Natürlich wünscht man sich genau in Momenten großer innerer Verunsicherung Halt und Orientierung. Noch ist nicht abzuschätzen, was kommt. Das macht anfällig für eigene Ängste, aber auch für die Sorgen und Ängste anderer, die das eigene Projekt betreffen, und daraus folgend auch für Behauptungen anderer, die meinen, mehr über einen zu wissen als man selbst.

Die eigene Beunruhigung ist zunächst immer ernst zu nehmen, dabei ist jedoch abzuwägen: Wie ist sie einzuordnen? Gerade bei erschreckenden Träumen gewinnen Sie viel, wenn es Ihnen gelingt, die Details genau zu betrachten und die Fakten der aktuellen Lage, die wieder Halt geben können, sorgfältig zu registrieren. So wird der Traum zum Anlass für einen besonders sorgfältigen Realitäts-Check. Um zu verstehen, was diese Bilder zeigen, geht es um eine kühle Betrachtung. Auch Träume sind nicht allwissend – ebenso wenig wie wir.

Lassen Sie uns zunächst durch einige Definitionen genauer klären, was gemeint ist, wenn es um Aussagen über zukünftige Ereignisse geht.

Vorhersage der Zukunft?

Wenn wir von einer Vorhersage der Zukunft sprechen, dann meinen wir: Jemand benennt ein bestimmtes Ereignis, das mit hundertprozentiger Sicherheit eintreffen wird. Früher waren es Wahrsager auf Jahrmärkten, heute kann man Leute, die mit einem solchen Anspruch auftreten, auf Fernseh- und Internetkanälen antreffen. Wahrscheinlich kennen Sie saloppe Sprüche wie: »Vorhersagen sind schwierig, besonders wenn sie die Zukunft betreffen.« Dieser Satz schöpft aus dem Fundus der allgemeinen Lebenserfahrung und deutet auf die doch beträchtlich schwankende Trefferquote bei Voraussagen zur Zukunft. Selbst den Naturwissenschaften, die sich auf objektivierbare Fakten stützen und aus diesen Daten Prognosen ableiten, sind hundertprozentige Vorhersagen bei komplexen Systemen nicht möglich.

Menschen gehören, so viel zumindest ist sicher, zu den komplexeren Systemen. Festschreibungen von Schicksal im Sinne einer hundertprozentig sicheren Zukunftsvoraussage sind unmöglich. Sie sind – gerade bei negativen Aussagen – auch ethisch nicht vertretbar, da es psychische Effekte wie die sich selbst erfüllende Prophezeiung (siehe Seite 184ff.) gibt. Ein Traum kann nicht mehr wissen, als Sie selbst, wenn Sie im Vollbesitz Ihrer geistigen Fähigkeiten sind. Wenn Sie sich diese Tatsache vor Augen führen, bieten Sie sich damit, etwa nach einem Albtraum, Erste Hilfe, um wieder handlungsfähig zu werden.

Vielleicht wenden Sie nun ein, dass Sie selbst aber schon von Dingen geträumt haben, die dann genau so eintrafen. Wie etwa jener bodenständige Mann, der als Erwachsener erlebte, wie einer seiner Träume aus der Kinderzeit Wirklichkeit wurde. Er berichtet: »In der Realität war der Blick aus meinem Kinderzimmer auf das Flusstal von einem kleinen bewaldeten Felsblock verstellt. In meinem Traum, den ich als Bub eines Nachts hatte, konnte ich aber von diesem Fenster aus über das halbe Tal schauen. Ich sah auch eine Brücke, die sich über das Tal schwang und worüber die Straße weit übers Land führte. – Real gab es damals die Brücke nicht. Erst viele Jahre später wurde sie gebaut und im Zug dieser Bauarbeiten der Felsblock, der die Sicht versperrt hatte, gesprengt.«

Der Traum verblüfft. Was sich als Erstes feststellen lässt: Bei diesem Kind handelte es sich sicher um eines mit Weitblick. Denn offenbar war der Bub in der Lage, sich zu den lokalen Gegebenheiten praxisorientiert Gedanken zu machen. Jedenfalls war ihm bereits als Kind im Traum eine Brücke in den Sinn gekommen, um den Verkehrsfluss im Tal zu verbessern. Intuitiv hatte er auch erfasst, wie die Verkehrsführung aufgrund der geografischen Lage am besten erfolgen müsste. Sein Traum war visionär. Aber die nächtlichen Bilder waren keine Vorhersage, dass es hundertprozentig so kommen würde. Sie waren ein pfiffiger Vorschlag. Manche Träume skizzieren intelligente Lösungen für vorhandene Unzulänglichkeiten. Was uns zur Definition der nächsten Kategorie führt, die mit zukünftigen Ereignissen befasst ist: die visionäre Äußerung.

Visionäre oder prophetische Äußerung

Eine visionäre oder auch prophetische Äußerung nennen wir es, wenn jemand zu einem sehr frühen Zeitpunkt eine klare und oft unerwartete Aussage macht, die später eintrifft. Dabei kann es sich um gesellschaftliche Entwicklungen handeln oder um einen Ausblick auf das künftige Leben einer einzelnen Person. Eine Äußerung mit Augenmaß berücksichtigt dabei immer, dass noch vieles passieren kann, was die Ausgangslage verändert und dadurch zu einem völlig anderen Resultat führt. Etwa, wenn es um ein Talent geht, das erkennbar wird: Es sind viele Hürden zu meistern, um die optimale Entfaltung der Begabung zu ermöglichen. Das ändert nichts an der Tatsache, dass eine solche frühe Zuschreibung zweifellos visionären Charakter im Sinne einer weisen Vorausschau hat.
Der oben angeführte Traum von der Brücke hat eine solche visionäre Qualität. Indem er die Gegebenheiten der Gegenwart präzise erfasst, die ein nicht gelöstes Problem beinhaltet – hier die erschwerte Verkehrsanbindung –, präsentiert er in logischer Folge hilfreiche Veränderungen für den Ist-Zustand: den Bau einer Brücke – und weist mit diesem gedanklichen Entwurf in die Zukunft.

Die sich selbst erfüllende Prophezeiung

Eine ganz andere Dynamik beschreibt das Phänomen der sich selbst erfüllenden Prophezeiung. In der Umgangssprache gibt es eine Reihe von Formulierungen, die auf diese Alltagserfahrung verweisen, dass wir mit unseren Erwartungen Entwicklungen beeinflussen können: »Der Glaube versetzt Berge« – so lässt sich zum Beispiel das Ergebnis eines berühmten psychologischen Experiments knapp zusammenfassen, den Rosenthal-Effekt. In dem nach ihm benannten Experiment überprüfte Rosenthal, wie sich unsere Erwartungen auf das Ergebnis auswirken. Dazu informierte er zu Schuljahresbeginn Lehrpersonen darüber, welche Kinder der neuen Klasse hochbegabt waren. Was die Lehrer nicht wussten: In den vorangegangenen psychologischen Tests hatten die als hochbegabt bezeichneten Schulkinder völlig durchschnittlich abgeschnitten. Bei Schuljahresende lagen die Leistungen all dieser Kinder aber klar über dem Durchschnitt. Fazit: Die Gewissheit oder, anders gesagt, der Glaube der Lehrpersonen an das Potenzial der Lernenden, hatte sich wesentlich auf die Schülerinnen und Schüler ausgewirkt und sie zu überdurchschnittlichen Leistungen beflügelt.

Dass feste Überzeugungen das Ergebnis wesentlich mitbestimmen, spiegelt sich auch in der Redewendung: »Wie man in den Wald hineinruft, so schallt es heraus.« Auch das Sprichwort »Kleider machen Leute« schildert, dass visuelle Eindrücke uns Zusammenhänge sehen lassen, die nicht unbedingt der aktuell zugrunde liegenden Wirklichkeit entsprechen.

Positive Erwartungen können auch ins Gegenteil umschlagen. Warnende Redewendungen, wie »Beschreien wir es nicht!« oder »Sag es nicht zu laut!«, weisen darauf hin, dass man mit einer klar formulierten Hoffnung oder positiven Erwartung der Sache sogar eine ungünstige Wendung geben kann.

Die sich selbst erfüllende Prophezeiung läuft folgendermaßen ab: Fest überzeugt geht man von einem bestimmten Verlauf aus – gut oder schlecht. Der zentrale Faktor dabei ist die unumstößliche Überzeugung, von einer feststehen-

den Tatsache auszugehen. Beachten Sie hier klar den Unterschied zum »positiven« Denken, bei dem jeweils der Vorsatz nötig ist, nun so denken zu wollen.
Komplexer wird es, wenn positive Erwartungen in negative Resultate umschlagen – etwa, weil man sich zu früh bereits aufs Ernten schöner Ergebnisse eingestellt hatte.
Fazit: Sich selbst oder anderen eine bestimmte Entwicklung vorherzusagen, zeugt also keineswegs von einer prophetischen Begabung oder einem Talent zu Weitsicht, sondern bestätigt zuallererst die Macht, die eigene Erwartungen oder die von anderen Personen auf uns ausüben. Und es unterstreicht die Tatsache, dass wir uns von solchen Erwartungen stark beeinflussen lassen.
Wir können davon ausgehen, dass sich auch unsere bisher unerfüllten Herzenswünsche, unsere Hoffnungen und Erwartungen ans Leben in unseren Träumen zeigen. Ängste und negative Erwartungen beeinflussen unsere Träume ebenfalls.
Wie sehr bereits das Wissen um das Phänomen der sich selbst erfüllenden Prophezeiung ängstigen kann, zeigt folgende Anfrage einer Frau:

TRAUM

Ist es möglich, dass wir die Tatsache des Sterbens 1 bis 2 Jahre im Voraus träumen können? Vor zwei Jahren hatte ich einen solchen Traum, in dem ich sah, dass das Sterben eines schwer kranken Freundes unausweichlich bevorstand. Ich verstand damals überhaupt nicht, warum ich das geträumt hatte, da alle so positiv redeten und optimistisch waren, dass er wieder gesund würde.
Ich fühlte mich total schuldig, den Tod als unausweichliche Tatsache gleich zu Beginn, als er die Diagnose erhielt, ge-

träumt zu haben. Hilflosigkeit, Ohnmacht, Angst und Abwehr wurden nie besprochen. Mit diesem Traum fühlte ich mich auf einen Schlag out, schuldig und unerwünscht.

Nochmals: Eine hundertprozentig sichere Prognose zu stellen ist nicht möglich. Es gibt zu viele Faktoren, die in einem solchen Ablauf, dem Leben eines Menschen, eine Rolle spielen. Dieser Traum kann daher keine präzise Vorhersage der Zukunft sein. Darum geht es hier auch nicht – es geht nicht um die Verkündung eines Todesurteils für den Freund.

Wenn wir dabei wieder beachten, was sich in unseren Träumen abspielt – dass wir die Eindrücke des Tages verarbeiten –, dann sagt der Traum daher zuallererst etwas über das Befinden der träumenden Person.

Ihr Traum zeigt, dass die Träumerin die gesundheitliche Verfassung des Freundes ganz anders gesehen hat als das optimistische Umfeld. Sie sah den Freund im Sterben liegend.

Vergegenwärtigt man sich Erkenntnisse zu sich selbst erfüllenden Prophezeiungen, so wird verständlich, dass sich bei der Träumerin Schuldgefühle einschlichen. Erwartungshaltungen beeinflussen Entwicklungen. Mancher Krankheitsverlauf oder ein Genesungsprozess lässt sich durch eine entsprechende Haltung verändern. Selbstkritisch stellte sie sich daher die Frage: Hatte sie vielleicht den – erst später feststellbaren – schlechten Verlauf herbeigeträumt? Hier gilt es, sich bewusst zu machen: Das hat sie sicher nicht getan.

Entwicklungen, egal, ob gut oder schlecht, lassen sich nicht herbeiträumen. Es braucht unseren aktiven Beitrag im

Wachleben, um Entwicklungen zu begünstigen oder zu blockieren. Träume sortieren und fassen unsere Wahrnehmungen zusammen. Die Träumerin selbst wurde von diesem harten Verlauf, den der Traum schilderte, völlig überrumpelt und erschreckt.

Wieder lohnt sich ein sorgfältiger Blick auf die Details. Besonders wichtig sind dabei die aktuelle Situation der Träumerin und ihre Einfälle zu dem, was ihr aufgrund des Traums zuerst als bedeutsam erscheint.

Ihr Ausgangspunkt: Es besteht ein krasser Unterschied zwischen ihren bewussten Wahrnehmungen aus dem Alltag und dem Zustand, den ihr Traum zeichnet. Im Wachleben hatte das Umfeld zuversichtlich reagiert. Die von der Nachricht betroffenen Menschen hatten beschlossen, nun von einem guten Verlauf auszugehen. Unter Umständen hatten sie angenommen, man müsse nur intensiv genug an einen guten Ablauf denken, dann ließe sich damit – auch gegen eigene Zweifel – eine erfreuliche Entwicklung herbeiführen. Vergleichen Sie dazu nochmals die Unterschiede zum Rosenthal-Effekt (Seite 185): Hier zwingen sich die beteiligten Personen nicht dazu, einen Sachverhalt zu glauben, sondern sind davon überzeugt, eine feststehende Tatsache vor sich zu haben.

Die bewusste Haltung der Träumerin zur gesundheitlichen Krise des Freundes war eine etwas andere als die des Umfelds. Natürlich hoffte sie das Beste. Aber sie war sich gleichzeitig auch im Klaren darüber, dass sie nicht hätte sagen können, was kommen würde. Auch ihr eigener Wunsch stand in krassem Widerspruch zu den Bildern aus dem Traum. Tagsüber aber war ihr bewusst: Der Freund hatte eine schlimme Diagnose erhalten. Dieser Tatsache hatte sie ins Gesicht gesehen.

Im Rückblick zeigt sich: Die Einschätzung aus ihrem Traum war korrekt gewesen. An diesem Vorgang ist – so merkwürdig er auch berühren mag – nichts Übersinnliches. Es handelt sich auch nicht um negatives Denken. Die späteren Ereignisse verdeutlichen nur, dass sie den Gesundheitszustand des Freundes, ohne sich darüber in allen Facetten bewusst gewesen zu sein, zutreffend erfasst hatte – er war viel schlechter, als es das Umfeld wahrhaben wollte. Der Traum stellt diese intensiven unterschwelligen Eindrücke der Träumerin aus dem Wachleben in Bildern dar, wobei er die im Wachzustand in den Hintergrund gerückte Tatsache ergänzt, dass sich der Freund in großer Gefahr befindet. Der Traum leuchtet den krassen Widerspruch aus, der zwischen der optimistischen Auffassung der Freunde und dem Gesundheitszustand des Freundes besteht. Ob sich eine Gelegenheit für eine erfolgreiche Behandlung eröffnen könnte oder nicht, darüber sagt der Traum nichts aus. Das kann er auch nicht.

Die Schwierigkeit bei einer solchen Traumerinnerung ist: Niemand von uns liebt schlechte Nachrichten. Es kostet Kraft, mit einer harten Situation zurechtzukommen, auch wenn es »nur« nächtliche Bilder sind. Unmittelbar nach einem schlechten Traum ist daher die vordringliche Frage, wie man ihn einordnen und damit klarkommen kann.

Die Einschätzung aus dem Traum lautet: Ein endgültiger Abschied steht bevor. Die Traumbilder schildern, dass der Freund im Begriff ist zu sterben. Der Zustand ist vergleichbar damit, dass jemand an einer lebensbedrohlichen Lungenentzündung erkrankt ist, die man noch nicht erkannt hat und für die auch noch keine Therapie eingeleitet wurde. Auch diese erkrankte Person ist dabei zu sterben. Das ist

eine sachliche Beschreibung des aktuellen Zustands. Aber sie spricht keine unumstößliche Tatsache aus, dass der Tod unausweichlich eintreffen würde. Denn mit dieser Beschreibung ist nicht von den nächsten Schritten, einer Behandlung, die Rede. Sie schildert ausschließlich den Ist-Zustand, über den weiteren Verlauf ist damit noch nichts ausgesagt. Die Sachlage ist allerdings ernst genug. Dies ungeschminkt zu sehen, braucht Mut. Gleichzeitig ermöglicht dies der Träumerin zu überlegen: »Was kann ich für den Freund tun? Was will er jetzt, welches Angebot wäre für ihn in Ordnung? Was will ich? Was will und kann ich gerne anbieten?«
Die Träumerin wusste, dass ihre illusionslose Sicht nicht erwünscht war. Anderen eine Sichtweise aufzuzwingen, funktioniert nicht. Es konnte also nicht darum gehen, die Freunde davon zu überzeugen. Sie selbst aber hatte mit dem harten Hinweis aus ihrem Traum zurechtzukommen, dass die Zeit mit dem Freund um einiges begrenzter sein könnte als gedacht und erhofft. So kann der Traum Anregung sein, die Zeit bewusster zu nutzen.

In welche Rubrik gehört nun der eingangs erwähnte Traum vom Schnee am Hochzeitstag? Sollte es ein prophetischer Traum sein, wie die Träumerin selbst befürchtete? Besonderes Gewicht erhält der Traum sicher auch durch den Zeitpunkt, an dem er auftritt – vor dem Tag der Hochzeit. Eine solche Entscheidung gehört zu den großen Lebensthemen (Orientierungspunkt 5). Wir können davon ausgehen, dass in solchen Momenten, wo eine Weichenstellung konkret wird, Erinnerungen an Eheerfahrungen anderer Leute, Einschätzungen, Befürchtungen und Hoffnungen uns in besonderem Maße beschäftigen. Das Traumbild vom Hochzeitstag beschreibt: Mit der Hochzeit kommt die Kälte. Schnee lässt das Leben erstarren. Die Träumerin selbst bringt diesen Zustand aber nicht mit ihrer Beziehung in Verbindung. Das legt nahe, dass er eine Befürchtung von ihr beschreibt. Der Traum zeigt die Träumerin auf sich allein gestellt. Das »Wetter«, im übertragenen Sinn die Stimmung, wird unangenehm. Auffallend ist die erste Sorge der Träumerin im Traum: Es ist nicht der Wetter- oder Stimmungsumsturz. Vielmehr befürchtet sie, sie könnte als unvorbereitet gelten. Eine schnelle Überprüfung zeigt ihr, nach außen wird nicht sichtbar, dass sie überrumpelt ist. Ihre Kleidung wappnet sie besser als zuerst angenommen. Sie kann die unliebsame Überraschung alleine bewältigen. Das Bild aber bleibt: Sie ist bei ihrer Hochzeit in der Kälte und allein.

Fazit: Ihr Traum schildert einen jähen Umschwung ins Negative, bei dem sie von sich erwartet, damit allein fertig werden zu müssen. Er zeigt sie auf sich selbst gestellt. Nun geht es für die Träumerin darum, diesen Traum nicht als geweissagtes, unveränderbares negatives Schicksal zu betrachten. Nimmt sie ihn als Anregung für die Gegenwart, kann das ihren Blick in mehrerer Hinsicht schärfen: Wann gerät sie in ihrer Partnerschaft in jähe Wetterwechsel, im Sinn von Stimmungsumschwüngen? Wann fühlt sie sich alleingelassen? Wann erwartet sie dabei obendrein von sich selbst, es dürfe keiner merken, dass sie allein und unangenehm überrumpelt ist? Und: Ist im Alltag wirklich keiner da, wenn es darauf ankommt?

Leitlinien für Träume, die warnen, auffordern, hinweisen

- **Sich die eigene Position bewusst machen (Orientierungspunkt 3)** Gehen Sie dabei von Ihrem unmittelbaren Befinden aus, etwa, indem Sie feststellen: »Der Boden unter meinen Füßen ist weg!« – Indem Sie diese Tatsache benennen, legen Sie bereits wieder die erste Grundlage, um sich neu zu verorten. In Momenten, wo wir sehnlichst wissen wollen, wie es für uns weitergeht, ist es der erste Schritt zu beschreiben an welcher Stelle wir uns gerade befinden. Das Unübersichtliche als Nebel und Chaos – oder wie auch immer es sich sonst präsentieren mag – zu beschreiben, gibt dem Bedrohlichen einen Namen. So schaffen Sie sich selbst – oder eventuell mit Unterstützung freundlicher anderer – die Voraussetzungen dafür, dass die Angst vor dem Unbekannten abnimmt und die Sache überschaubar wird.
- **Klare Unterscheidung der vorhandenen Daten (Orientierungspunkt 7)** Wie war die Einschätzung zur Situation, bevor sich der Traum ereignete? Welche neuen Aspekte liefert der Traum dazu? Wie ist das Gefühl nach dem Erwachen?
- **Was genau ist es, was Sie besorgt macht oder ängstigt? (Orientierungspunkt 7)** Welche Szene des Traums, welcher Sachverhalt ängstigt Sie? Ist es die Angst vor einer möglichen schlimmen Entwicklung oder die Wiederbegegnung mit einem früheren Schrecken? Welcher Zustand, welcher Aspekt erregt am meisten Ihre Furcht?

- **Die Realität überprüfen (Orientierungspunkt 3 und 6)** Schildert der Traum eine aktuelle Tatsache aus dem Alltag? Oder umschreibt er bildlich einen Sachverhalt, der nicht wortwörtlich, sondern im übertragenen Sinn zu verstehen ist?
- **Welche chronischen Sorgen/Befürchtungen oder geheimen Wünsche rumoren im Untergrund? (Orientierungspunkt 5)** In welchen Angelegenheiten oder im Zusammenhang mit welchen Personen nehmen Ihre Sorgen überhand? Wodurch können Sie sich zumindest punktuell entlasten?
- **Was Ihre Wünsche angeht: Was empfinden Sie daran realistisch, was ist unrealistisch?** Was ließe sich zumindest ansatzweise in Richtung eines Ihrer großen Wünsche unternehmen?
- **Für das innere Gleichgewicht sorgen (Orientierungspunkt 2)** Gestatten Sie sich, die Dinge in die Wege zu leiten, die Ihnen so rasch als möglich helfen, zumindest wieder eine gewisse Balance zu finden.

Der simultane Traum

Vielleicht kennen Sie aus Ihrer Familiengeschichte oder Ihrem persönlichen Umfeld ähnliche merkwürdig berührende Schilderungen wie die folgenden? Eine Zeitzeugin – sie hatte den Zweiten Weltkrieg als junge Erwachsene miterlebt – erzählte mir: »Während des Krieges gab es in unserem Dorf viele Frauen, die den Mann oder Sohn verloren. Für uns alle merkwürdig war, dass manche bereits davon wussten, bevor die Nachricht bei der Familie eintraf. In Variationen lautete die Erklärung, dass sie dies geträumt hatten. Eine dieser Frauen formulierte dies damals so: ›Heute Nacht ist Franz zu mir gekommen und hat sich von mir verabschiedet. Ich weiß, dass er gefallen ist.‹ Zeitpunkt des Traums und Todeszeitpunkt lagen in derselben Nacht.«

Via Traum eine so einschneidende Tatsache zu erfahren – ein solches Erlebnis wirkt wie eine eindeutige und hundertprozentig zutreffende Vorhersage. Für Angehörige und Nachbarn sieht es so aus, als weissage der Traum ein zukünftiges Ereignis. Für die träumende Person aber beschreibt der Traum ein Ereignis, das im Wachleben bereits Realität ist. Nüchtern betrachtet handelt es sich daher nicht um die Zukunft, sondern beide Abläufe spielen sich gleichzeitig ab. Daher handelt es sich bei dieser Art von Traum nicht um einen prophetischen oder einen, der mit hundertprozentiger Sicherheit die Zukunft vorhersagt. Sondern ein solcher Traum bildet ebenfalls »nur« einen Ausschnitt der Gegenwart ab. Ungewöhnlich und für uns bisher nicht erklärlich ist dabei der Umstand, wie die träumende Person davon erfahren hat.

Das führt uns zur Definition des simultanen Traums. Hier treffen folgende Faktoren zusammen: Einer Person stößt etwas Außergewöhnliches von existenzieller Bedeutung zu, wie Unfall oder Tod. Eine zweite Person, die von diesem Vorfall nichts weiß, ist sich zum Zeitpunkt dieses einschneidenden Ereignisses plötzlich sicher, dass der ersten Person etwas Schlimmes widerfahren ist. Es sind also zwei sich gleichzeitig, das heißt simultan ereignende Abläufe. In einem solchen Fall scheint es eine Art gedankliche Verbindung zwischen den beteiligten Personen, die sich in der Regel emotional nahestehen, zu geben.

Beim hier definierten simultanen Traum ist nicht bekannt, ob die Person, die in Not ist, dies genau diesem Empfänger übermitteln wollte, der plötzlich über das außergewöhnliche Erlebnis zumindest gefühlsmäßig während des Traums Kenntnis hat. Das Phänomen zeichnet sich aber dadurch aus, dass es sich um eine gedankliche Übertragung zu handeln scheint: Eine neu aufgetretene Tatsache bei einer ersten Person, die beiden emotional verbundenen Personen vorher nicht bekannt war, übermittelt sich zumindest als Stimmung einer zweiten Person, die sich zu diesem Zeitpunkt an einem ganz anderen Ort befindet, und wird von dieser gedanklich erfasst.
Es handelt sich dabei um kein zukünftiges Ereignis, lässt sich aber leicht mit einem solchen verwechseln.
Solche intensiven Träume haben die gleiche Wirkung wie eine direkt erhaltene Nachricht. Unwillkürlich fragt man sich, was los ist. Man braucht so rasch wie möglich klare Orientierung, um wieder festen Boden unter den Füßen zu gewinnen.
Der frühere Generalsekretär der UNO Kofi Annan berichtet in einem Artikel des »ZEIT-Magazins« gleich von zwei solchen Erfahrungen:[16]

TRAUM

»Eines Morgens, es war im Jahr 1991 und ich befand mich gerade im Irak, erwachte ich aus einem sehr beunruhigenden Traum. An den genauen Inhalt konnte ich mich nicht erinnern, nur an das Gefühl, dass es jemandem in meiner Familie sehr schlecht ging. Da ich mich nur äußerst selten an meine Träume erinnere, rief ich sehr besorgt zu Hause an und erfuhr, dass meine Zwillingsschwester Efua ins Krankenhaus gebracht werden sollte. Es stellte sich heraus, dass sie an einer Virusinfektion litt. An der ist sie dann im Krankenhaus gestorben.«

»Einige Jahre später sah ich meinen Vater in einem Traum. Er lag da wie aufgebahrt, auf dem Rücken, die Hände über der Brust gekreuzt, die Augen geschlossen. Kurz nach dem Aufwachen erfuhr ich, dass er in der Nacht gestorben war.«

Ein weitaus weniger dramatisches Ereignis sei zum Abschluss dieser Traumthematik noch angefügt. Mit den Worten: »Da sehen Sie mal, was Träume für ein Blödsinn sind! Ich weiß doch, dass Sie verheiratet sind ...«, erzählt ein Klient kopfschüttelnd seiner Therapeutin folgenden Traum:

TRAUM

Ich war bei Ihnen privat zu Hause und wir hatten eine Sitzung. Da kam Ihr Freund herein, der sprach übrigens Walliser Dialekt. So was Komisches! Er sah mürrisch aus und brachte Ihnen eine Tasse Kaffee. Ich wunderte mich sehr, weil ich doch weiß, Sie trinken nur Tee.

Die lapidar und schnell erzählte Geschichte verblüffte die Therapeutin sehr. Denn woher wusste der Träumer so viel über ihren Freund? Die Information des Klienten aus seinem Wachbewusstsein – die Therapeutin sei verheiratet – ist veraltet. Schon seit längerer Zeit war sie geschieden und lebte allein. Tatsächlich hatte sie jedoch vor einigen Monaten eine Liebesbeziehung mit einem Walliser begonnen. Das war keineswegs naheliegend, da sie in einem ganz anderen Landesteil lebte und arbeitete und in ihrer

Region nur wenige Walliser wohnten. Dazu kam, dass auch sein aktueller Wohnort weit von ihrem entfernt lag. Von dieser Beziehung wussten nur zwei Menschen aus ihrem privaten Umfeld, die nicht in ihrer Nähe wohnten und zudem mit ihren Klienten keinerlei Kontakt hatten. Auch in der Praxis während ihrer Arbeit hatte sie keinem gegenüber diesen Mann erwähnt. Ihr neuer Freund war hier, weder telefonisch noch persönlich, jemals in Erscheinung getreten.

Am vergangenen Wochenende hatte sie schockiert festgestellt, dass sie sich nicht länger etwas vormachen durfte: Ihr Freund behandelte sie grob und nur seine Interessen zählten. Schlagartig war ihr klar geworden, dass er ihre Bedürfnisse häufig überging oder als unwichtig ansah. Zeitlich parallel zum Traum ihres Klienten war sie zu diesen unliebsamen Erkenntnissen, was ihren Freund betraf, gelangt.

Rational gibt es keine Erklärung für die Tatsache, dass der Träumer die regionale Herkunft des Freundes der Therapeutin korrekt bezeichnet hatte. Dazu kommt, dass er im Traum, entgegen seinem Kenntnisstand aus dem Wachleben, die Beziehungssituation der Therapeutin – sie ist mit einem Freund zusammen – richtig wiedergegeben hat. Auch die vorherrschende Stimmung dieses Mannes und die achtlose Verhaltensweise waren im Traum des Klienten anschaulich und zutreffend beschrieben. Dieser so beiläufig geschilderte Traum lieferte ihr ungewollt und ungefragt eine verblüffend exakte Momentaufnahme zum Stand der Dinge in ihrer Liebesbeziehung.[17]

Zu guter Letzt

Unsere Träume jonglieren mit unseren Wahrnehmungen und Erinnerungen, ermöglichen es, unser Repertoire an Wissen und Erfahrungen zu erweitern, zu renovieren und ganz neu zu kombinieren. Kurzum: Träume bilden einen Teil unserer sich selbst organisierenden Lern- und Denkprozesse ab. Auch Träume mit ermutigenden oder erhellenden Nachrichten kommen oft Furcht einflößend daher. Lassen Sie sich deshalb von Ihren Träumen nicht abschrecken, sondern inspirieren, um Ihren Alltag zu vereinfachen. Die Sprache der Träume scheint zunächst fremd und ist doch zugleich völlig vertraut: Sie besteht aus der Welt unserer Erfahrungen, in der die Kommunikation mit unserer Umgebung die zentrale Rolle spielt. So sind es Bilder, Sinneseindrücke und Sprachbilder, aus denen sich in einem ständigen Fluss nachts im Schlaf neue Szenen und Geschichten bilden, die uns helfen, uns mit all den Eindrücken zurechtzufinden, die täglich auf uns einströmen. Nicht zuletzt ermöglichen unsere Träume uns Nacht für Nacht, die Welt mit neuen Augen zu betrachten und den Blickwinkel zu wechseln. Während wir uns entspannt in der Horizontalen befinden, stellen unsere Träume Bildeindrücke bereit, die uns anregen, die Gedanken noch weiter schweifen zu lassen und die uns, scheinbar unvermittelt, sogar auf ganz neue Ideen bringen. Träume sprechen keine Fremdsprache, sondern benutzen das Repertoire unserer Erinnerungen und unserer Sprachbilder, damit wir bisher Unbekanntes einordnen und handhaben können sowie dabei ab und zu auch ganz Neues entdecken. So wie Ihre Träume mit Bildern und Wahrnehmungen während Ihres Schlafs jonglieren, so können Sie mit Ihren Einfällen dazu ebenso spielen, bis Sie klar vor Augen haben, um was es für Sie geht. Ich wünsche Ihnen jedenfalls anregende Entdeckungen!

Dank

Damit ein solches Buch möglich wird, braucht es gerade in meinem Fall viele günstige Faktoren, die zusammentreffen. Gar nicht hoch genug einschätzen kann ich freundliche Ermutigung. Die zeigt sich für mich auf ganz verschiedene Weise: durch hartnäckige Fragen von Leserinnen und Lesern und durch das große Vertrauen, das sie mir schenkten; wichtig war auch der engagierte Ideenaustausch, zu dem mich Kolleginnen und Kollegen anregten und herausforderten. Darüber hinaus gab es viele Arten liebevoller Unterstützung, gerade auch bei praktischen und technischen Dingen; und nicht zuletzt wurde ich bestärkt durch den Glauben von vielen lieben Leute daran, dass es Hand und Fuß haben könnte, was aus meinen Beobachtungen und dem praktischen Erproben entstanden ist. Ganz herzlichen Dank an alle, die mich anspornten, die Daumen hielten und mir so das Herz wärmten!
Es sind sehr viele Faktoren. Alle aufzuzählen, denen ich es verdanke, dass ich diese Arbeit immer systematischer anging und sie es zwischen zwei Buchdeckel schaffte, ist nicht möglich. Ohne die folgenden Menschen aber wäre das Buch sicher nicht entstanden: Josef Giger-Bütler, Regula Koch, Arthur Letzel, Inga Daniels, Gabi Renggli, Jan Widmayer, Robin Renggli, Jobst Finke, Jürgen Kriz, Monika Riedlinger, Eva Eckstein, Daniela Sonntag, Stefan Raps und Ruedi Meier. Ihnen gilt mein ganz besonderer Dank!

Anmerkungen

1 Von 1993 bis 2014 hatte mich die Schweizer »Coopzeitung« (Auflage in dieser Zeit: über 1 Million) beauftragt, alle Zuschriften zu Lebensfragen aus der Leserschaft persönlich zu beantworten. Dazu gehörte eine wöchentliche Kolumne, in der ich jeweils eine der Anfragen anonymisiert vorstellte.

2 Jürgen Kriz: Systemtheorie für Psychotherapeuten, Psychologen und Mediziner.

3 Forschung zum Zusammenhang zwischen Schlaf und Gedächtnis wird zum Beispiel an der Universität Lübeck betrieben: http://www.psychiatry.uni-luebeck.de/Forschung/AG+Schlaf.html

4 Dazu siehe auch Peter Spork: Wake up! Aufbruch in eine ausgeschlafene Gesellschaft.

5 Diese These der Evolutionspsychologen ist nachzulesen im Überblickswerk zum Thema Träume von Stefan Klein: Träume. Wie unsere nächtlichen Bilder entstehen, S. 69.

6 Die theoretischen Zusammenhänge, wie sich innere Überforderung schleichend herausformt, und welche Gegenmaßnahmen sinnvoll sind, beschreibt der Psychotherapeut Josef Giger. Stellvertretend sei hier eines seiner Bücher genannt: Josef Giger-Bütler: Endlich frei. Schritte aus der Depression. Weinheim: Beltz 2013.

7 Sigmund Freud: Die Traumdeutung.

8 C. G. Jung: Traum und Traumdeutung.

9 R. D. Cartwright: Schlafen und Träumen. Eine Einführung in die experimentelle Schlafforschung.

10 Einen anschaulichen Überblick über die aktuelle Traumforschung erhalten Sie durch Michael Schredl: Träume. Unser nächtliches Kopfkino.

11 Jürgen Kriz: Systemtheorie für Psychotherapeuten, Psychologen und Mediziner.

12 Zu Traumarbeit mit Psychodrama und Körperarbeit: Im Psychodrama, entwickelt von Jakob Moreno, wird der Traum in

einer Gruppensitzung wie eine Theaterszene aufgeführt. Dabei übernimmt der Träumer die Hauptrolle, kann aber je nach therapeutischer Vorgehensweise auch zur Seite treten und von außen auf die Szene schauen. Das Psychodrama wird heute je nach Psychotherapierichtung unterschiedlich eingesetzt und weiterentwickelt, etwa in der Gestalttherapie, in Hypnoseverfahren oder auch in psychoanalytischen Gruppen. Bei körpertherapeutischen Vorgehensweisen gilt das Augenmerk auch den Körperreaktionen, während man den Traum nochmals durchgeht: Wie verändern sich Atmung und Muskelspannung und wie fühlt man sich dabei? Auch diese Vorgehensweise wird von verschiedenen Therapiekonzepten unterschiedlich interpretiert. Eines der Konzepte stammt aus dem Focusing von Eugene T. Gendlin: Dein Körper – dein Traumdeuter.

13 Für psychotherapeutisch und beratend arbeitende Fachpersonen zur Thematik der eigenen Haltung: Jobst Finke: Träume, Märchen, Imaginationen. Personzentrierte Psychotherapie und Beratung mit Bildern und Symbolen.

14 Für die Suche nach Redewendungen eigenen sich Lexika, Wörterbücher und natürlich das Internet. Die in diesem Abschnitt aufgeführten Redewendungen zum Thema Reise finden Sie im Duden – Deutsches Universalwörterbuch A–Z und im Nachschlagewerk von Lutz Röhrich: Das große Lexikon der sprichwörtlichen Redensarten.

15 Phasen des Trauerprozesses beschreibt anschaulich Verena Kast in ihrem Buch: Trauern. Phasen und Chancen des psychischen Prozesses.

16 Kofi Annan: »Ich habe einen Traum«, ZEIT-Magazin, 13. März 2012, S. 28.

17 Den aktuellen Forschungsstand zu anomalistischen Träumen finden Sie in dem Sammelband Gerhard Mayer; Michael Schetsche; Ina Schmied-Knittel; Dieter Vaitl: An den Grenzen der Erkenntnis. Handbuch der wissenschaftlichen Anomalistik.

Ausgewählte Literatur

Cartwright, R. D.: *Schlafen und Träumen. Eine Einführung in die experimentelle Schlafforschung*. München: Kindler, 1982

Faraday, Ann: *Deine Träume – Schlüssel zur Selbsterkenntnis*. Frankfurt a. M.: Fischer, 1980

Freud, Sigmund: *Die Traumdeutung*. Frankfurt a. M.: Fischer, 2015

Finke, Jobst: *Träume, Märchen, Imaginationen. Personzentrierte Psychotherapie und Beratung mit Bildern und Symbolen*. München: Ernst Reinhard, 2013

Gendlin, Eugene T.: *Dein Körper – dein Traumdeuter*. Salzburg: Müller, 1987

Jung, C. G.: *Traum und Traumdeutung*. München: dtv, 2015

Kast, Verena: *Trauern. Phasen und Chancen des psychischen Prozesses*. Stuttgart: Kreuz, 1982

Klein, Stefan: *Träume. Eine Reise in unsere innere Wirklichkeit*. Frankfurt a.M.: Fischer, 2014

Kriz, Jürgen: *Systemtheorie für Psychotherapeuten, Psychologen und Mediziner*. Wien: Facultas, 1999

La Berge, Steven; Rheingold, Howard: *Träume, was du träumen willst. Die Kunst des luziden Träumens*. München: mgv, 2014

Mayer, Gerhard; Schetsche, Michael; Schmied-Knittel, Ina; Vaitl, Dieter: *An den Grenzen der Erkenntnis. Handbuch der wissenschaftlichen Anomalistik*. Stuttgart: Schattauer, 2015

Morley, Charlie: *Klarträumen für Anfänger. Gestalte deine Träume – gestalte dein Leben*. München: Kösel, 2015

Schredel, Michael: *Träume. Unser nächtliches Kopfkino*. 2. Aufl., Berlin: Springer, 2013

Spork, Peter: *Wake up! Aufbruch in eine ausgeschlafene Gesellschaft*. München: Hanser, 2014

Stevens, John O.: *Die Kunst der Wahrnehmung*. München: Chr. Kaiser, 1983

Register

Eine Anleitung für die Entfaltung des freien Willens

Tu dies nicht! Mach das! Gut gemeinte Ratschläge kommen heute von vielen Seiten. Aber wie erkenne ich wirklich, was mir gut tut – und was nicht? Mit Ruediger Schaches praktischer Anleitung kann jeder lernen, zu sich selbst zu stehen und dies auch nach außen klar zu kommunizieren. So gelingt es, selbstbewusst durchs Leben zu gehen, Beziehungen aller Art zu verbessern und einfach erfolgreicher zu sein. Ein Praxisbuch für mehr Durchsetzungskraft und Erfolg im Leben.

Ruediger Schache
Klingt logisch! Mach ich aber nicht!
208 Seiten · ISBN 978-3-485-02950-6
Auch als E-Book und Hörbuch erhältlich

nymphenburger